やってきたことは無駄じゃない。
考え方次第だ!!

超バス釣り思考法

北 大祐

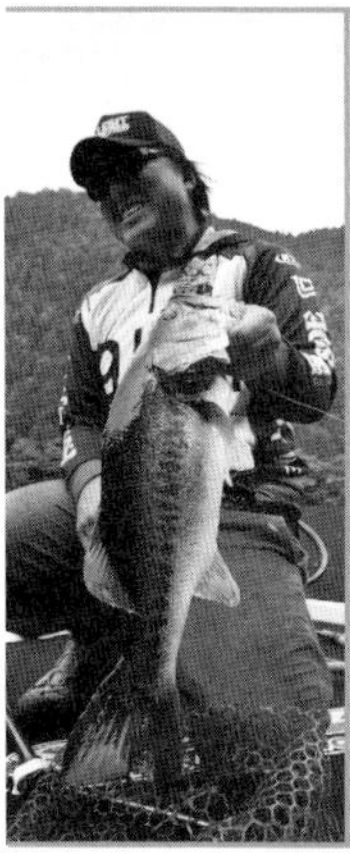

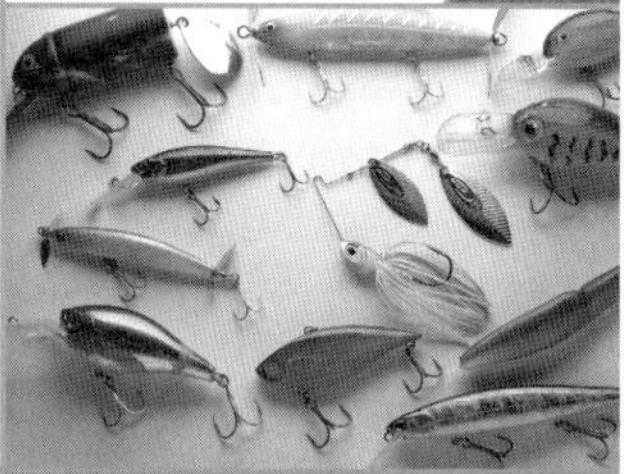

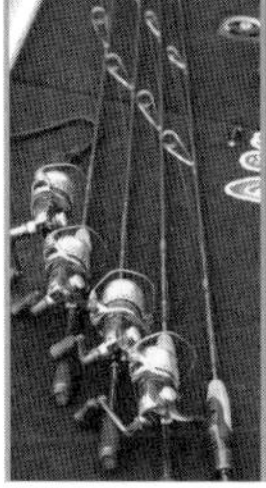

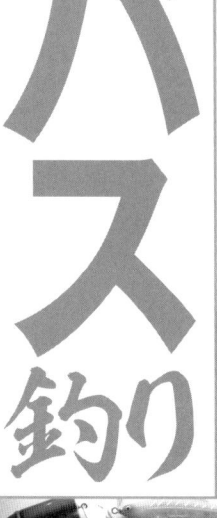

はじめに

私がバスフィッシングと出会ったのは中学1年生の頃、あれから約22年の月日が流れました。なかでも20代半ばから今日までの約10年間は、年間釣行300日に近いスコアをキープし続けています。基本的に朝から晩まで一日だいたい10時間、トーナメントはもちろん、ガイドの仕事でもバスフィッシングに向き合ってきたので、たくさんのゲストと一緒に釣れる時、釣れない時も共有してきました。琵琶湖をはじめ霞ヶ浦水系や利根川、桧原湖、野尻湖でのガイド。亀山ダムをはじめとする房総半島のリザーバー、河口湖、遠賀川、旧吉野川、早明浦ダムなどJBトーナメントの開催地。H-1グランプリが開催される相模湖、津久井湖、牛久沼に新利根川、長門川&将監川……。全国のフィールドで膨大な時間をブラックバスと接してきたことが、今の北大祐というアングラーの土台になっています。そのなかで、「どうすれば、もっと釣れるのだろう?」と考え、試行錯誤することが私のバスフィッシングを形作ってきました。

バスフィッシングは「釣り」である以上、釣れる時もあれば釣れない時もあります。私も人並み以上にバスを釣ってきた自負はありますが、それ以上に！　釣れない時間もたくさん過ごしてきました（笑）。それでも、「たくさん釣る楽しさ」よりも「釣れない時の1尾」を追い求めるほうが、釣れた時の達成感や喜びはより大きなものがあったのです。これがトーナメントとなるとさらなる感動や快感を伴い、エンドレスの世界にハマっていきました。自分で考えて釣りをすること。数限りない「疑問」「仮想」「やっぱり！」の繰り返し。4、5年前から集中的にそれを続けてきた今、仮想を裏切ってくれるケースは少なくなりました。

私がこれから本書に記すことは、一般的ではないかもしれないし、いわゆる定説からは大きく逸れることもあるでしょう。けれども人の何倍も釣れない時間を過ごし、私なりに辿り着いた、これまで発信されることのなかった理論と法則に裏打ちされた新たなバスフィッシングのスタイルを、ぜひ皆さんにも体験してほしいという思いが詰まっています。

バスフィッシングに限らず、釣りはすべて自然の流れを感じ、トライ&エラーで魚にたどり着く遊びです。自然に対して「絶対」はありません。しかし、私が近年トーナメントで体現してきた戦績は今までの経験で培った持論が結実したものであり、私の中の「仮想」が「確信」になりつつあることを示しているという充分な手応えがあります。その中身を少しでも皆様にお伝えすることができればと思っています。

CONTENTS

I 何が上達を妨げているのか

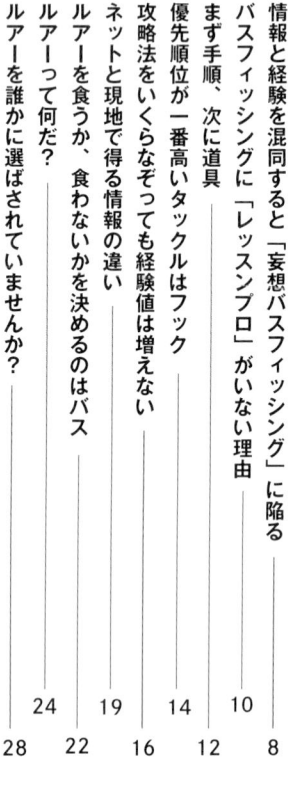

II バスフィッシングを正しく理解するために

Ⅲ 北大祐流・絶対的水質理論

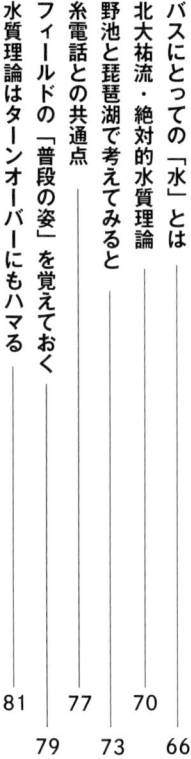

Ⅳ　北大祐流・ハードルアーパワーランクシステム構築

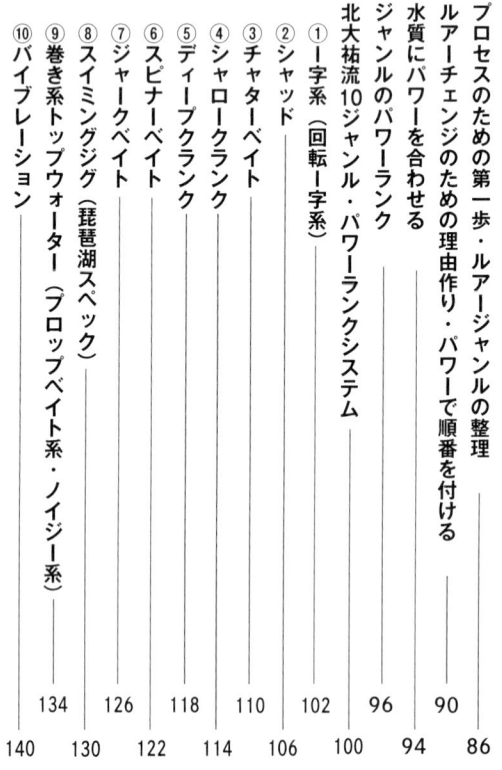

I

何が上達を妨げているのか

情報と経験を混同すると「妄想バスフィッシング」に陥る

本書をお読み頂くにあたって注意点があります。まず、あなたのバスフィッシングの常識を一旦忘れてください。それがスタートになります。大切なのは「あなた自身の実績」と「もっと釣りたいという向上心」です。ほかは大して必要ありません。

今の社会は情報があふれています。スマホやパソコンを開ければ膨大な情報が飛び交い、一体何が大切なのか私自身戸惑うことも少なくありません。それらを上手に活用するには、たくさん釣りに行きバスのことを熟知して、ようやくどの情報が有益かどうかを判断できるようになるのですが、そこを勘違いするとSNS等に潜む大きな罠にハマってしまうことになります。

あなた自身がたくさん釣れることと、ネットで誰かが発信している情報は、直接的には何の関係もなかったりするものです。釣行前に得た情報（ボート屋さんの釣果等）でさえ、フィールドに浮いた瞬間から過去のもの。違いすぎる現状にメンタルを打ち砕かれた経験のある方も多いのではないでしょうか。「昨日までは、釣れてたんだけどね～」。よく耳にする言葉です。フィールドでは自分しか頼れるものはありません。過去は過去と割り切り、未来を予想しチャレンジするしかないのです。

私はガイドも行なっています。ゲストに釣ってもらうこと、バスフィッシングを楽しんでもらうことが仕事ですが、私よりもゲストのほうが流行や有名アングラーのことを知っています。「今はこんなルアーが流行ってて」「やっと買えたルアー（使ったこともない）なのでそれを投げて釣りたい」「誰々はこんな釣り方してて」。そのほとんどがどこかの情報の影響で、自分自身の経験に基づいたものではありません。いわば「妄想バスフィッシング」が出来上がった状態でフィールドに来られる方が多く、現実とのギャップに戸惑い、凹んで帰られるゲストもしばしばいらっしゃいます。

もちろん流行りのルアーや釣り方、有名アングラーのスタイルを真似てみるのも楽しみ方の一つであり、すべてを否定しようとは思いません。しかしながら、少なからず釣れないよりは釣れたほうが楽しいだろうし、その可能性を膨らませるとなると、ガイドとしての私がなすべきは、まずゲストの妄想バスフィッシングを打ち砕くこと。これだけで何も知識がないアングラーよりもビハインドスタートになってしまうことも事実です。

要は「これは自分にとって大切な情報かどうか？」を判断する技術も、ＳＮＳ等を活用するうえでは必要ということです。頭でっかちになってはいけません。

バスフィッシングに「レッスンプロ」がいない理由

経験値のある方と一緒に釣りに行くことは、バスフィッシング上達の大きな近道の一つです。これはガイドを利用する場合も同じです。そんな機会を得たら、フィールドで「自分と何が違うのか」を探してみましょう。気がつくことは結構あると思います。

ここで大切なのは、その日その時の釣果では決してありません。どうしても釣果に目がいってしまいがちですが、大切なのはその人の「動作」や「考え方」です。なぜそのルアーを選んだのか？　なぜこの場所なのか？　タックルやルアーや場所といったハード面ではなく「考え方」や「ラインさばき」、「アクションの付け方」などの、言葉や見た目ではなかなか伝わらないトコロ！　ここに注目してみると、きっと発見があることでしょう。

私は一般のバサーからよく、「プロだから釣れて当然でしょ！」「プロなんだから勝てる訳ないやん！」的なことを言われます。そんな時はいつも「それは魚次第」と答えています。野球やサッカー、ゴルフ等のスポーツでは、技術を身につけることが最優先です。一方、自然が相手のバスフィッシングは、各種競技における投げ方、打ち方、走り方、蹴り方、ショットの修正などとは違い、技術が釣果に１００％直結するとは言い切れません。

経験豊富なアングラーに同行したり、ガイドを頼んだ時は、釣果よりもそこに至るまでの「動作」や「考え方」に注目してみるとよい

それ故なのか、バスフィッシングにはガイドはいても、キャストを徹底的に教えてくれるレッスンプロ的なものは今のところ存在しません。これは、キャストが上手くなくても釣れることはたくさんありますし、私が一般の方に釣り負けることがしばしば起こることも理由ではないでしょうか。

「ビギナーズラック」という言葉があり、釣りではよく使われます。これこそバスフィッシングに限らず釣り全般に言える、誰にでも平等に可能性があることを表わしている言葉だと思います。逆をいえば、私でも釣れない時は釣れません（笑）。

まず手順、次に道具

バスフィッシングにはルアーやタックル、ボートアングラーの場合はボートやエレクトリックモーター、魚群探知機等が必須ですが、それらはあくまで道具です。しかし、多くの方が大体ここでつまずきます。一所懸命お金をかけて高価なロッドやリールを買い、ましてや高額なボートや魚群探知機等を手にすると、なんとなく「釣れたも同然！」的な感覚に陥りがちです。ここに大きな落とし穴があります。有名プロが使っているロッドだから……リールだから……〇〇プロのシグネーチャーモデルだから！　もしかしたらあのプロのように釣れるのではないか⁉　なんて思い込んでしまいがちですが、ぶっちゃけいくら道具にお金をかけても魚への近道にはなりません。

もちろん、1万円のロッドよりも5万円のロッドのほうが高性能であることはいうまでもありません。高価な道具にはそれなりの機能が詰まっています。理解して使いこなせば素晴らしいパフォーマンスを発揮し、それはあなたの引き出しや釣りの可能性を増やしてくれることでしょう。しかし、それ以前にバス釣りでは「いつ・どこに・何を投げて・どうするか」が最も大切なわけで、高価な道具を使えば釣れるというものではないのです。

お金をかけた人ほど魚を手にできるのなら、結果はフィールドに出る前から分かりきっています。逆をいえば安価なロッドやリール、ボートや魚群探知機でもセレブなアングラーに釣り勝てる可能性はいくらでもあります。それもまたバスフィッシングのよさの一つだと私は思います。しかし、そのためには前項で記した事柄が大切になってくるのは言うまでもありません。私がここで言いたいのは、バスを釣るために大切なのはまず手順で、道具はその後ですよ、ということです。手順を間違ってはよい釣りはなかなか出来ません。

タックルを生かして使うためには手順を間違えないこと。そうすることで初めてタックルが持つ機能を存分に発揮することができる

優先順位が一番高いタックルはフック

ここでタックルに関する私なりの手順を少し紹介しておきます。あくまでも大切なのは、「いつ・どこに・何を投げるか」ですが、タックルに関して言えば、「魚に近いところ」から優先順位がついていきます。

一番魚に近いのは当然、フックです。バスとの唯一の接点ですからね。フックなしでは釣りは成り立ちません。その次にライン。その次に仕掛け（リグ）の一部となるシンカー、（ウキはバスフィッシングでは使わないので省きます）。さらにアプローチ、アクション、フッキングを行なうロッドとなり、最後にリールがきます。これが私なりの絶対的な優先順位です。リールがない釣り（アユや渓流、小もの釣り）はあっても、フックやラインがない釣りは特殊な例外を除けばまずありません。

実際、釣具店に行くとロッドやリール、ラインよりも種類・数ともに多いのがフックだということが分かると思います。ブラックバス用で挙げると、オフセットフック、ストレートフック、マスバリ（バス用に開発されているものをそう呼ぶのはどうかと思うのですが）タイプ、トレブルフック、ダブルフック……大まかな種類でもこれだけあります。さらに形状やサイズを含めると膨大になります。これはフックメーカーの販売戦略などではなく、必要に迫られて開発・市販されているのだと思います。

ブラックバスを釣るだけでもこんなにたくさんのフックがある。そう考えると、ロッドやリール、ボートや魚群探知機といった道具の優先順位がかなり後ろのほうになることを理解してもらえるのではないでしょうか。それくらい私は注目されにくいフックに気を使って釣りをしています。

使うルアーや釣り方にマッチしたタックルを選ぶことはもちろん重要ですが、それが最優先ではありません。また、バスから見えない道具は人間の好みが大きく影響するもので、そのぶんバスへの直接の関係性は低いとみてもよいのでは？　とも思います。

そのような考えから、私にとって道具は道具でしかなく、釣るのはいつだってアングラーの「手」と「考え方」ということになるわけです。

攻略法をいくらなぞっても経験値は増えない

前項、前々項と道具に関して書いてきましたが、道具と同じくらい大きな落とし穴になりやすいのが冒頭で述べた情報です。

釣行前、釣りたいがゆえに「情報を得る」↓「より新しい情報を探す」↓「釣り場で困ってスマホを握る」は最悪なパターンです。ここで胸がズキッとした方も少なくないのではないでしょうか。

繰り返しますが、情報はいくら新しくても釣り場に立った時点ですでに過去のモノです。妄想のイメージから離れてフィールドで役に立つのは、「現実と向き合う勇気」「自分の経験」しかありません。

この時、そこが通い慣れたフィールドであれば過去を振り返り、釣れた時、よい経験をした時を思い出すことである程度自信を持ってキャストが出来るでしょう。しかし全く初めてのフィールドや場所では何から始めたらよいのか、悩んでしまいますよね。実は私も悩みます（笑）。ただ私の場合は、この一から始まるフィールドや魚とのストーリーを作っていくことがバスフィッシングの最大の楽しみであり、一番ワクワクするポイントでもあるのです。

　誰かに教えられたことや情報をなぞって釣れたとしても、それはいわばゲームの攻略法を知った上でそのゲームをクリアしているだけに過ぎません。ただ釣りの場合、刻一刻と変化する自然に合わせて攻略法は常に変化しています。そこが面白いところで、私にも釣れない時はたくさんあります。悩むことなんて、メチャクチャあります。でもそれをストレスとして感じることはありません。その瞬間に集中して自分なりに考え、「釣れないのは何が悪い？　場所？　ルアー？　アプローチ？　はたまたタイミングか?!」と一つ一つ過程を刻んでいけば、大体はゴールに辿り着くことができます。そしてこの時のバスは「釣れた」ではなく、「釣っ

「釣れた」ではなく「釣った！」１尾だけが経験値を高めてくれる

た！」になります。

自分の頭で釣りを組み立てることは、最初はしんどいかもしれません。釣れてもイマイチ自信が持てず、まぐれ？　偶然？　なんて思う人もいるかもしれません。しかし、弱肉強食の自然界に生きるブラックバスをまぐれや偶然だけで釣り続けることはできません。彼らは命を懸けてルアーにアタックしてくる、だからこそ「釣った！」1尾はあなたの経験値を高め、あなただけの情報となり得るのです。

ネットと現地で得る情報の違い

ここまでを振り返ると、いまだに釣りの中身の話は出てきていません（笑）。読者の方はモヤモヤした気持ちがどんどん膨らんでいるのではないでしょうか。ただ、私にはあまりにも多くの方がバスフィッシングに対して大きな勘違いというか、固定観念があるように感じられるのです。その原因は明白で、繰り返しますが、あまりにも情報が世にあふれかえっているせいです。しかしそれらの情報のうち、果たしてあなたにとって本当に価値あるものはどれだけあるのでしょうか。

たとえば、メーカーにサポートされているプロアングラーがスポンサーのモノをよいと言うのは仕事の一つであり、商品のポジティブなワードがよく出てくるのは当然です。一方で、ネガティブなワードはほとんど出てこないのが現実です。

そんなプロアングラーがＳＮＳを通じてキャッチーなフレーズを次から次へと発信します。しかもプロによって言うことが違う。こうなると何をどう信じたらよいのでしょうか。私もそれなりにＳＮＳを拝見しますが、「よいこと言っているな～！」と思うプロは残念ながら少数派で、多くは薄いというかなんというか……仕事と割り切っているのかな？

なんて思うこともしばしばです。

これだけSNSが発達してくるとエンドユーザーの方は、ネット上のプロアングラーの発言の価値を見抜く力も必要になってくるのではないかと感じています。多くの宣伝や情報を真に受けた結果、「買ったはいいけど全く釣れない」「使い方、出しどころがイマイチ分からない」。なかには「人気で希少品だから買った」経験をされた方も、きっとたくさんいると思います。

実をいうと私もこれまで散々苦い経験をしてきました。そこで私なりの情報価値の見抜き方を少し紹介します。

まずはプロアングラーが商品を評価してコメントする場合。サポートされていないルアーに対してポジティブな意見が出た時は信用度が高いです。別のルアーメーカーにサポートされているプロであればなおさらです。発言する側の立場として、他社製品の宣伝につながる発言をすることは心境的に複雑なものです。

次に、現地で人の意見を直接聞くことです。たとえばフィールドの最寄りのショップ、ボート店、そこに通い込んでいる一般のアングラーでもいい、現地のそばにいる方はやはり情報が新鮮です。ここで、インターネットで検索すれば昨日どれくらい釣れていたのかがすぐに分かる今日、「それとSNSやHPの情報と何が違うの?」と思う方もいるかもしれません。決定的な違いは、それが「不特定多数に向けて発信された一方通行の情報ではないこと」です。ショップやボート店はフィールドの流れや傾向からあなた個人のために少しでも釣れるアドバイスをしてくれます。しかも直接話をすることで、顧客のキャリアやスタイルも考慮してくれるでしょう。また訪れたアングラーも気付いたことを質問して、さらなるヒントを得られるかもしれません。そんなショップやボート店スタッフのアドバイスを頭の片隅に入れておき、困った時に試してみる。これで釣れると信用度、信頼度は急激に増すはずです。

これらのことはルアーに限った話ではありません。ロッドやリール、ライン、シンカー、フックまで、どのアイテムにおいても共通することです。ぜひ、そんなふうにしてみてください。そうすることで、きっとブラックバスという魚が今まで思っていたよりも身近にいるんだなと思えてくることでしょう。

ルアーを食うか、食わないかを決めるのはバス

バスフィッシングには星の数ほどルアーが存在します。すべてを把握するのは不可能では……とさえ思える中から、実際に使うルアーをいかに選ぶか？　そのルアーの性能を引き出せるか？　これらはすべてアングラーの判断と技術にかかってきます。年間約３００日を湖上で過ごしている私でさえ、ルアーの出しどころ、選び方、アプローチのどれか一つでも間違えると釣れないのは当たり前。これは紛れもない真実です。

一方で、宣伝や広告、それらの動画、さらにはメーカーにサポートを受けている個人のSNSなどを見ると、「これまでにない〇〇なアクションがバスを魅了する！」「これがスレた現代のバスに効果的！」などのうたい文句が飛び交っています。裏を返せば、売りたいと思うルアーにネガティブなワードやフレーズは絶対といっていいほど出てこないものです。冷静に考えればこれはとても当たり前の話です。メーカーが商品を売るためにはそれなりの投資を行ない、広告や宣伝、動画を撮るにもお金がかかります。ネガティブな印象になるはずもありません。

しかし、「ルアーを食うか食わないか」を判断するのはバスなのです。

いくら優秀なルアーでも、バスがいないところに投げて釣れることはありません。また いたとしても、バスがそのルアーに関心を持たない限り釣れないのです。アングラーがど れだけルアーに期待を込めていても、です。自然が相手のバスフィッシングでは時に非情、 残酷でさえありますが、その反面、思ってもみないようなバスとの出会いが突然何の前触 れもなく訪れたりもします。これが魚釣りなのです。

今まで多くの経験をしてきた読者の皆さんなら、きっと次のようなことがあったはず。 「バックラッシュを直したら釣れていた」「スマホを触っていたら釣れていた」「よそ見を していたら釣れていた」。ほかにも意外な時にバスがルアーに食いついて、びっくりした 経験をされた方は多いのではないでしょうか。私もそんな経験を幾度となくしてきました。 そんな経験を重ねていくうちに、ふと疑問が浮かんだのです。

「なんで不意打ちのようなバイトがくるのか?」

「実はアングラーは余計なこと、無駄なことをたくさんしているのでは?」

そんな疑問をフィールドでバスに問いかける毎日の中で、私の釣りはいわゆるバスフィ ッシングの常識から、どんどん逸れていきました。それでもフィールドでひたすら検証を 重ねていくことで、現在の北大祐のスタイルが少しずつ作り上げられてきたのです。もち ろん、それは今も進化の途上にあります。

ルアーって何だ？

さて、ここで質問です。本書をお読み頂いているあなたはきっと、それなりにバスフィッシングの経験値も高く、釣り歴もお持ちなのではないでしょうか。そんなあなたはルアーを何だと思っていますか。

先に私の答えを言っておくと、私の考え方では「ルアーはルアー」です。バスにとって、ルアーはそのときどきにより関心、興味、威嚇、反射、好奇心の対象であり、そしてごくたま〜にエサ……となるのです。

ここで「は？」とか「え？」となった方もいるのではないでしょうか。

私がこのような考え方に至ったのは幼少期の釣り体験から来ているのかもしれません。北陸の石川県に生まれ育ち、実家が海に近いところにあった私は小学生のころ海から本格的な釣りを始めました。子どもなので道具にお金をかけられず、エサがなくなったらその日の釣りはおしまい。そう、私はエサ釣り育ちの釣り人なのです。

それでも当時はいろんな魚が釣れるのが楽しくて、堤防のサビキ釣り（アジやイワシ）、投げ釣り（キスやカレイ）、消波ブロック周りの根魚釣り（カサゴやアイナメ）、磯のチヌ

スピナーベイトや写真のビッグバドなどを見れば分かるように、「ルアーはルアー」だからこそバスを引きつける要素があるといえる

やメジナ釣りなど、身近なターゲットは大体釣ってきました。サビキ釣りやチヌ・メジナ釣りでは、撒き餌のしすぎは魚が満腹になるので注意！　的なことも覚えました。これはバスフィッシングもしくはルアーフィッシングだけをしていては、きっと身につかない感覚でしょう。

中学生になると世間はバス釣りブームに突入し、TVの釣り番組や雑誌の内容は軒並みバスフィッシングになりました。しかしそれまでルアー釣りの経験がほとんどない私は、「ルアー（ニセモノ）なんかでホントに釣れるの？」くらいにしか思っていませんでした。そもそもバスが身近にいなかったので（いたのかもしれませんが情報が皆無）、はるか遠くの世界の釣りにしか思えず、あまり興味もなかったのです。

それから1年ほどたったある日、琵琶湖へ行くことになりました。バスフィッシング初チャレンジです。「バスフィッシングといえば、スピナーベイトだろ～」と意味不明な考えを持っていた当時の北大祐少年はその日、黙々と沖へ向かってスピナーベイトを投げ続けて初めてのバスを釣ります。

この時の感覚は今でも覚えているのですが、「ブラックバスはなんでこんな変なルアーに食ってくるのかな？」でした。これが私とバスフィッシングとの出会いです。エサ釣り育ちの私には、どう見てもエサとは似ても似つかないルアーで魚が釣れるのが不思議でフシギで……。

地元に帰り、「なんでこんなんで釣れるの？」という思いは日に日に大きくなる一方、「バスってどれだけ頭悪いの？」などと思ったりもしました。ところがまたバス釣りへ行くと、今度はいつまでたっても釣れません。その後も、たま～に釣れる程度（笑）。そんな感じで「変な魚やなあ」という思いは、「そもそもなんでルアーにアタックしてくるのかな？」という疑問に変わってどんどん膨らみ、答えを探してバスフィッシングにのめり込んでいくわけです。こうして、バスと駆け引きというか、試行錯誤していく間に、私の中では「ルアー＝エサ」ではなく、「だます漁具」みたいな感覚になっていきました。

ルアーを日本語に訳すと「擬似餌」です。おそらくこの言葉から、ルアーはエサに似せたモノ的な感覚が日本のバサーに知らず知らずのうちに染み付き、「ルアー＝エサ」が定着してしまったのではないでしょうか。

この概念、思考を打ち砕くことがバスフィッシング上達の第一歩です。

そう、「ルアーはルアー」なのです！

ルアーを誰かに選ばされていませんか？

　さまざまなルアーが存在するバスフィッシング。あからさまにベイトフィッシュを模したようなリアルペイントのルアーから、全くエサとは似つかわしくないモノまで、本当に多種多様です。トップウォーターからクランクベイト、バイブレーションにジャークベイト、スピナーベイトやバズベイトといったワイヤーベイトもあれば、ラバージグやチャターベイト、ムシ系……ハードベイトといわれるものだけでもパッと挙げただけでこれだけ種類が存在します。これにワームを加えると……しかもワームの釣りにはリグ（仕掛け）もさまざまな種類があり、一体何通りの釣り方があるのやら。今、こうやって書いている私でも嫌になるほど、ブラックバスをルアーで釣る方法、仕掛けは星の数ほど存在しているのが現状です。

　「トップウォーター」という短い単語の中にも、ポッパーからペンシルベイト、スイッシャーやノイジー系、ウエイク系やバド系、羽根モノやセミ&ムシ系にI字形等、本当に数え切れないほどルアーが存在します。

　さて、そんなルアーの中から皆さんは何をキーに選んでいますか。きっと多くの方は具体的な選択基準を持たずに、「釣れそう！」とか、「これで釣りたい！」とか、「新商品だからバスがスレていないのでは？」といった人間側の欲やら都合からルアーを選んでいるのではないでしょうか。そして、もしやそれは「誰々はこうやって釣っていた」とか、「メチャクチャ凄いらしい」などの情報にマインドコントロールされていませんか。

私はガイドの仕事もしており、一般アングラーの方と釣りをする機会が多いのですが、「定番ルアーはみんなが釣れると言っているのでとりあえず買っています（釣ったことはない）」とか、「最近コレが釣れていると聞いたので買ってきました」という方がメチャクチャ多い。その気持ちは充分分かります。私もゲストの立場だったら、そうなっているかもしれません。ただ、日々フィールドに出ている者として意見を言わせてもらうと、皆さんが見ている、もしくは得てきた情報と、実際のフィールドにいるバスの状況がリアルタイムでマッチすることは、残念ながらほとんどありません。

理由はたくさんありますが、その一番は最初に述べたように「その情報はすでに過去だから」です。多くの方が次回釣行に期待を膨らませ、最善を尽くしてよい釣りをするために情報を得ようとします。そして釣れているルアーを買う。釣れているエリアをチェックする。実は、どんどん情報というアリ地獄にハマってしまっているのです。これは現代のバスフィッシングにおける最も大きな落とし穴といっていいでしょう。

もちろん、「情報はすべて悪。だから全く入れないほうがいい」なんてことはありません。活きる情報もたくさんあります。要するに大切なのは、あなたにとって価値ある情報なのか、そうではないのかを見極める術を身につけることが大事になってくるのです。

たとえば、釣ったことのないルアーを誰かに「釣れるから！」とか、「だまされたと思って使ってみて！」といくら連呼されてその気になったとしても、実際には何の役にも立ちません。「ネットと現地で得る情報の違い」の項でも述べたように一方通行の情報を鵜呑みにするのではなく、フィールドで横に立って身振り手振りで説明してもらって初めて、本当にそのよさや魅力を理解することができるのです。

また、あなたとほかの方では過去に釣ってきた経験も違えば、思い込みや、考え方も違って当たり前。釣り歴何年なんていうのは正直どうでもよいことで、大切なのはあなた自身がこれまでどんなふうにバスフィッシングと向き合ってきたかです。どんなフィールドで、どんな時期に、どんな釣り方で、どんな考えで、釣れた・釣れなかった場面を、その時使っていたルアーとともに冷静に思い出すことが出来れば、それだけで一歩前進です。

II

バスフィッシングを正しく理解するために

情報発信の多いフィールドほどプレッシャーは高い

ブラックバスはシーズナルパターンやスポーニングなど、その生態がルアーターゲットの中で人間に一番理解されている魚ではないでしょうか。たとえば海のルアーターゲットで最も人気のあるシーバスでさえ、スポーニングについて詳細に解明されているとはいえません。ところが今の日本国内でブラックバスを簡単に釣ることは、かなり厳しくなってきているのが現状です。その一番の理由は、やはり情報量の多さからくるフィッシングプレッシャーだと思われます。

海のルアーターゲットとは違い、内水面のバスはそのフィールドから逃げ出すことができません。琵琶湖や霞ヶ浦、利根川など規模が大きければ魚の移動範囲も広がり、フィッシングプレッシャーは多少なりとも軽減されますが、これらの釣り場は人気が高く、バスたちがプレッシャーから解放される日が来ることはないでしょう。別のたとえでいえば、小さな野池に何人もアングラーが訪れれば自ずと釣れにくくなるようなものです。

つまり、ここで私が何を言いたいのかというと、情報量の多いフィールドはフィッシングプレッシャーも高いということです。そして情報ばかりに目がいってしまうアングラー

狭いエリアにボートが５艇、さらにオカッパリの人の姿も。
人気の釣り場やポイントほど情報量が多い＝プレッシャーが高くなる

は、知らない間にどんどん魚から遠ざかってしまう。仮にそれが琵琶湖でも、「昨日〇〇さんがあの場所でメチャクチャ釣っていた」なんて情報が出ると、翌日そのエリアは人だらけになるのが現状です。情報は情報に過ぎないと私が何度も口を酸っぱく繰り返しているのは、こういう一面もあるからです。あなたが得た情報は瞬く間にその他大勢の人たちにも知れ渡っているのです。

もしもバスが１００尾いるエリアにアングラーが30人入れば、確率的には1人につき3尾程度しか回ってこない計算です。それも１００尾全部釣れると考えての話です。その時、ポイントに絶対の自信があれば粘れるでしょう。そうなければその行動は宝くじを買っているようなものに過ぎません。大切なのは、あなたが「そこにいる理由」がなくてはいけないということです。「この前、釣れたから」「風が当たっている（当たっていない）」「周りより少し深い（浅い）」「水がキレイ（濁っている）」「ベイトフィッシュが確認できる」など、釣れそうだと自分で思える要素があるかどうかが大切です。それなくして周りが先に釣れてしまうと、自分だけが釣れない時間を過ごすのはかなり苦痛になります。

また、ポイントに到着して最初は釣れそうだと思ってスタートしても、バイトのない時間が続くとどうしてもダラケてしまいがちです。その時は現場の状況から次の「釣れそう」を探せばよいだけです。この繰り返しこそが確実にバスに近づくための作業なのです。私の考えはこのように至ってシンプルなことから成り立っているので、そういう意味でも情報はほとんど気にしません。

皆さんも同じだと思いますが、バスフィッシングは自分が楽しめることが第一。そして私は常に目の前の状況と向き合い、それを楽しむようにしています。こんなことを書いていると「釣れなくても楽しめればいいの？」なんて声が聞こえてきそうですが、もちろん釣れたほうが楽しいのはいうまでもありません。

フィッシングプレッシャーの高くなってしまった日本のバスフィッシング。そんな中でも私の理論・法則を少しでも理解して頂ければ、きっともっと豊かで楽しいバスフィッシングを体感して頂けることでしょう（しかも至ってシンプルな。笑）。

「ルアーありき」よりも「バスありき」の考え方

バスフィッシングはアメリカ合衆国で生まれた最もポピュラーなルアーゲームであり、釣り方やアプローチ、ロッドやリールはもちろん、ルアー、フック、ライン、それにボート、魚群探知機まで、ありとあらゆるものがバスを釣るためだけに開発され進化してきました。なかには一時的に流行した釣り方やルアーなどもありますが、一方でバスフィッシングが始まった頃から今日までほとんど姿形を変えずに使われ続けているルアーやリグもたくさんあります。長い歴史の中で、本物と認知されたものだけが定番として残り、ビジネス先行や時代に合わなかったものは淘汰されてきました。

皆さんのタックルボックスの中にあるルアーたちも、そんな歴史の流れの中でさまざまなアレンジや修正が加えられ、進化して生き残ったものばかりのはず。ですから「釣れないのはルアーがダメなんだ」とか、「悪いルアーだ」などと思う必要は全くありません。

それよりも大切なことは多々あります。たとえば、それらのルアーを「いつ」「どこで」「どんな使い方をすればよいのか」を考えることです。

前にも述べましたが、バスがいないところではどんなに優秀なルアーでも性能を発揮しようがありません。そう考えると、ルアーありきの考え方ではなく、私たちは日頃から「バスありきの考え方」で思考すべきだということに気が付くでしょう。

日本には四季があり、一つの季節の中でも自然は常に変化しています。またフィールドもアメリカに比べると全体に規模が小さく、一年を通して一ヵ月安定しているパターンにはなかなか出会わない、見つからないのが現状です。したがって日本のフィールドでは、その時その時にアングラー側がアジャストしていかなければ、釣果を伸ばすことや、安定した釣果を得ることは難しいでしょう。しかし、逆にその攻略法をある程度把握してしまうと、案外簡単にバスは釣れたりするものです。詳しくはIII章以降で述べますが、そんなことに気が付いてほしくて、私はこの本を書いたわけなのです。

自分のタイプを知ること

バスフィッシングには本当にさまざまなルアーが存在しますが、皆さんはどんな釣り、ルアーが好きですか。ここで大雑把にいうと、巻きモノが好きな人、撃ちモノが好きな人の2タイプに分かれるでしょう。

巻きモノ派はファストムービングルアーといわれるクランクベイトやバイブレーション、スピナーベイトにチャターベイトが好きな人。私の見るところ、このタイプはどんどん歩き回り、移動を苦にすることがなく、巻きながら自分のリズムを大切にするアングラーが多いように感じます。

一方、撃ちモノが好きな人の多くはストラクチャーフィッシャーマンです。特に見えるストラクチャーにはとにかく投げたくなるタイプ。カバー撃ちや岸際への正確なキャスト、それに食わせのライトリグもその延長線上にあるように感じます。じっくり探ってスローな展開に持っていく傾向が強く、場所へのこだわりも強いです。

さて、あなたはどちらのタイプに属するでしょうか。大体これは過去の経験からくる「釣れるイメージが強いほう」に傾くようです。つまり、個々のバス釣りの始まりがそのまま好みやスタイルになっているように感じられることが多い。クランクベイトやスピナーベイトからバス釣りを始めた、もしくは初めて釣った人は巻きモノ派。それがテキサスリグやライトリグだったという人は撃ちモノ派という具合です。ちなみに、私の場合は海のエサ釣りからスタートしているので、ベースはじっくりと釣るタイプのアングラーだと思っています。

ここで大切なのは、あなたが今どの立ち位置にいて、どんな釣りをしているかです。バスフィッシングにはさまざまな釣り方が存在します。それらの一つ一つをマスターしながら、徐々に好きな釣りが洗練されてあなたのスタイルになっていくわけですが、技術を置き去りにして、うわべだけの格好よさを追求してしまうと釣果はついてきません。はたまた、「食わせやスローな展開でとにかくアタリが欲しい」「ゼロで帰りたくない」という思いが強すぎてしまうと、いつもの場所・いつもの釣りで代わり映えしないバスフィッシングになってしまいがちです。

スタイルやファッションもバスフィッシングの楽しみの一つですし、ボウズで帰りたくない気持ちも分かります。しかし、せっかくこれだけ引き出しの多いバスフィッシングという遊びに出会ったのだから、その楽しみ方を一つでも多く知って頂きたいと私は思うわけです。

巻きモノ派・撃ちモノ派に共通する現実とは

前項から引き続き巻きモノ派と撃ちモノ派のお話です。

撃ちモノが好きなアングラーに注目していくと、カバーフィッシングをはじめとするストラクチャー攻略やサイトフィッシング、それにライトリグ等を駆使したスローな食わせ系のアプローチが多く、また場所で勝負するケースが多いようにも感じます。これはアプローチがどうしてもスローになってしまうが故に、「どこで時間をかけたらよいのか」という計算を立ててトライしていることが多いからなのでしょう。

私も以前はこちら側のアングラーでした。撃ちモノ派はどうしても場所がキーになることが多く、極端にいえば「バスがいる所を当てる」イメージが強い。その結果、カバーや水門、オダ、インレットやゴミ溜まりなど、ストラクチャーフィッシングにばかり意識が強くなりがちです。私もこれまでたくさんストラクチャーフィッシングを楽しんできました。しかし、ある時ふと思ったのです。「場所でしか釣ってないなあ……」と。

今の御時世はよい場所、そして釣り方まで情報としてすぐに公開され、ネットを通じて拡散されます。これでは釣りをする以前に「誰が一番先に入れるか」というアングラー同士の勝負が始まってしまい、純粋にブラックバスという魚を感じることがどんどん難しくなってきています。

魚のことをある程度知ったうえで撃ちモノの釣りにトライするのは効果的ですが、エサ釣りの延長のような感覚でこのスタイルに入ってしまうと、脱出するのに苦労する羽目になります。そう、「結局、ライトリグが一番釣れるんでしょ！」と思っている方たちです。ライトリグを否定するつもりは決してありません。時にはライトリグでしか口を使わせることができない状況が多々あるのも事実です。ただ、間違ってはいけないのは「〇〇より××のほうが釣れるよね！」といった固定観念を持つことなのです。何度でも繰り返しますが、自然界に絶対はありません。

一方、釣りという趣味をバスフィッシング、もしくはルアーフィッシングからスタートさせた方たちは、巻きモノ中心のスタイルになっていることが多いのではないでしょうか。ファストムービンググルアーと称されるクランクベイトやスピナーベイト、バイブレーション、ジャークベイト、チャターベイトにバズベイト等、とにかく巻き続けるルアーが好き。そして、それらのルアーを投げているだけでもバスフィッシングを楽しんでいるように感じさせるアングラーです。移動やルアーチェンジは苦にせず、自分の釣りのペースを大切に釣っていく印象もあります。

またこのタイプの釣り人は、「今の自分はイケてるぜ！」感があり、情報に左右されにくいアングラーが多いようにも見えます。ところが一方で、スローな展開や狭いスポットからたくさん釣っているアングラーを目撃したり、自分の釣りに「変化」が訪れると、途端にペースが乱れてしまいがち。そして、巻きモノからスローな展開にスムーズにシフトできるアングラーは、多くないように思います。

この世に完璧なアングラーなどいません。必ず得手不得手があります。さて、ここで私が何を言いたいのか、勘のよい方ならお気付きでしょう。そう、巻きモノ派、撃ちモノ派を問わずアングラーは多くの場合、「自分の考え方や自分のペース中心でしか、バスフィッシングと向き合えていない」という現実です。

では、どうすればよいでしょうか。私ができるアドバイスは一つ、あなたの釣りはあなた自身にしか変えられないということです。さあ、気が付いた今が変わる時です。

ゴールに近づく引き算思考

私の理論は意外なほどシンプルです。これまでいろんなアングラーに説明してきましたが、相手の反応は大体、「えっ？　そんなこと！」という感じです。私自身もシンプルすぎて、何から説明していこうか頭を悩ますくらいです。ですから、理論という難しそうな言葉のイメージに惑わされないでください。また私のバスフィッシング理論はスモールマウス、ラージマウスのどちらにも当てはまることはもちろん、ルアーフィッシング全般に通じることが大きな特徴です。

ジャンル、サイズ、リグ、無限といっていいほどの選択肢の中から何を選ぶのかは、どんな状況でも釣り人です。さらにはフィールド、場所や回り方、それにタイミングも含めて、釣れるか釣れないかはすべてアングラーにかかってきます。というかアングラー次第でしかありません。もちろん、前にも述べたようにどんなに上手い人や実績のあるルアーでも魚がいないところでは絶対に釣れませんし、ルアーを食うか食わないかを判断するのはバスです。ということは、数ある選択肢の中から一つでも多く不正解を排除し、可能性のある選択ができるかどうかが最終的に釣れる・釣れないにつながっていくわけです。

「つまずく人」「前に進むことに苦戦している人」、さらにいえば「自分に合った魚しか釣れない人」は、ひょっとして自分の器以上の何かを求めすぎていないでしょうか。釣りで大切なのは「足し算」ではなく、「引き算」です。また「釣りたい！　釣りたい！」ばかりの前傾姿勢から一歩下がって自分のこれまでの経験を冷静に振り返ってみたり、周りのアングラーの釣れ具合、目の前のフィールドについて気を配ってみることも大切です。

バスフィッシングに限らず釣りは場所が8割、などともいわれます。まあ、それくらい場所が大切なわけです。これをスポーツに置き換えてみると、サッカーでは「誰がゴールを決めたか」、野球では「誰がホームランを打ったか」あるいは「誰がよいピッチングをしたか」ばかりが報道され、その情報が先行しがちなところと似ています。釣りも同じで、つい勝負を決めたルアーに目がいってしまいがちですが、大切なのはどんな時でも場所選びからです。さらにいえば、どんなによい場面でもまずそこにつながる流れやプロセスがあり、そのプロセスの象徴がゴール（ルアー）となるだけなのです。

「なぜその場所を選んだのか？」「なぜそのアプローチなのか？」「なぜそのルアーなのか？」について少し探ってみましょう。

最初は自分の感覚でルアーを選ぼう

前章で述べたように、ブラックバスとの最初の出会いをもたらしてくれたルアーはスピナーベイトでした。あの特徴的な形状のせいか、私の頭の中では「スピナーベイトはバスを釣るルアー」というイメージが、まだ1投もする前から出来上がっていました。初めてのバスフィッシングはスピナーベイトばかり、といってもお小遣いも少なく、2～3個しか持って行けなかったのですが（笑）、使い方もよく分からないまま夢中で投げ続け、結果的にはそれで人生初のブラックバスに出会うことができました。

ここで私が何を言いたいのかというと、最初のルアー選びは「なんとなく釣れそう」でいいってことです。色、形、サイズ、動き、どこかに気に入ったところを見つけたらそれでOK。どんな人でもスタートの頃はそんなライトな感じだったはずです。そして初バスというきっかけをつかむと、今度はもっと釣りたい思いが強くなってくる。釣具店へ頻繁に行き、雑誌を読み、情報を得て、次の釣果に繋げようとしてきたのではないでしょうか。私も始めた頃（約20年前）はまさにそんな感じです。ただしSNSやブログなどのインターネット情報がない時代で、DVD（当時はVHSテープ）も少なく、参考書となるのは月イチ発売の雑誌と、たま～に放送されるTV番組くらい。外からの情報に頼るよりも自分で模索するしかありませんでした。今思えば自分の感覚で探るしかなかったことが幸いしたのかもしれません。

インターネットがポピュラーになってくると、私も他人のブログや映像、釣果などをチェックしている頃がありました。やっぱり気になってしまうんです。今、どこでどれくらい釣れているのか？　そして情報を追いかけ、ルアーや場所を探し、同じ場所で同じルアーを投げて釣りをした経験もあります。しかし今となっては、その大半は苦い思い出でしか残っていません。

そんな経験を経て、徐々に情報との向き合い方が変わってきました。結局、同じ瞬間に同じ場所で同じルアーを選ぶことが出来ない限り、それは自分に釣れる魚ではなく、そうなるとそもそも情報をなぞること自体に何の意味も価値もないと気付いたのです。

なんと表現したらよいのか分かりませんが、それは初めてスピナーベイトで釣った時のあのワクワク感とは違うんです。自分の感覚で釣るというのは、きっとそういうことなのだと思います。私の場合はたまたまスピナーベイトでした。きっとあなたにもそんなルアーがいくつかあるはずです。知らない釣り、未知の世界であるからこそ、ワクワクできるということではないでしょうか。

少し話がそれてしまいましたが、大切なのはまずお気に入りのルアーを見つけることです。昔と違って今の時代、店頭に並んでいるルアーはみな、それなりの性能を持っています。選ぶのに理由はいりません。た・だ・し、「誰それがよいと言っていたから」とか、「有名プロがこれで釣れていたから」という理由ではいけません。あなた自身がそのルアーをどう感じるか、それだけが大切なことです。

さて、ここからが具体的な話になります。仮にそれがクランクベイトだとすれば、どれくらいのサイズで、どれくらい潜って、引き抵抗はどのくらい、またどんなスピードで巻けるのか（一番遅い巻きスピードと一番速く巻けるスピード）。それらを把握することから始まります。そして、前に使っていたお気に入りのクランクベイトとはどこがどう違うのかを具体的に感じなければいけません。

お気付きでしょうか。一つずつこれを増やしていくプロセスが、最終的に大きなゴールへと繋がっていくことになるのです。最初は地味な作業に思われるかもしれませんが、決して目先の釣果やスタイルに振り回されてはいけませんよ。

ルアーのジャンルを整理整頓するメリット

私の頭の中ではルアーのキャラクターがある程度、整理整頓されています。「このルアーはこのルアーよりアピールが強い」とか、「このワームでダメだったらこのワームにしてみよう」とか。今は未知のルアーでも、泳ぎをチェックするだけである程度キャラクターというか、性格というか、どんな場面で活躍してくれそうだというところまで感じられるようになりました。

たとえば巻きモノでは、クランクベイトとシャッド、そしてジャークベイト（ミノー）は私の中では同ジャンルの仲間です。共通点はリップがあり、そこに水を受けることでアクションやレンジ（水深）がある程度決まっていることです。それとは別にスピナーベイト、チャターベイト、バイブレーション、スイムジグ等は使い手次第で性格がガラッと変わってしまうルアーです。巻かなければ沈み、速く巻けば浮き上がる。巻きモノの命とされるレンジコントロールが非常に難しいジャンルに位置するルアーたちです。

巻きモノだけに話を絞るとこのように2種類に分けられます。そこから細かく枝分かれしていく部分が、巻きモノの釣りを展開していく時の柱になります。

ワームにも少し触れておきましょう。ワームの釣りでは主にボトム付近やストラクチャー等をねらう場合が多くなると思いますが、ここでも大きく2種類のジャンルに分けられます。それは「食わせ」か「リアクション」かです。ただ、こういう言い方をすると少し難しくなってしまうのでほぐすと、オモリ（シンカー）がワームとくっついているか・いないかで分けられます。

ワームの釣りで代表的なリグを挙げると、テキサスリグやジグヘッド、ネコリグ、リーダーレスダウンショットといったリグは「リアクション効果」を発揮させやすく、ストラクチャー周りや狭いスポットも攻めやすい。そしてリアクションの釣りをしやすいのが特徴です。またバスがいそうなところにダイレクトに落としていくことが可能なため、アングラー側からどんどん攻めていくジャンルとなります。

それとは対極にあるキャロライナリグやダウンショット、ノーシンカー、フリーリグといったリグは、中層攻略やスローな動きにしか反応しない状況で必要となってきます。また、これらのリグの特徴は「バスの目の前に落とすリグではない」ということです。フワーッとさせて、バスのほうから興味を示し食いにくるリグたちともいえます。こういったリグは狭く複雑なストラクチャー周りでは使いにくい、操作しにくいというデメリットもあります。

このように大きく分けるだけでも、考え方次第ではルアーのジャンルは意外にシンプルに整頓できるものです。なかなか釣れない、成長できないアングラーの多くは、ルアーのジャンルの整理整頓が出来ていません。その結果「やみくもに」「気分で」「情報で」という具合に流されてしまい、いつまで経っても身につくものが増えることなく、自分のスタイルに自信が持てないのです。

頭の中でルアーのジャンルを整理整頓
できているかどうかが大切

代表例としてクランクベイトの話

バスフィッシングの代表的なルアーの一つ、クランクベイトを例に解説します。あなたのタックルボックスにもきっと、いくつものクランクベイトが出撃の出番を今か今かと待っていることでしょう。数あるルアージャンルの中でも、とりわけ手駒を多く必要とするのがクランクベイトです。その理由は、簡単に説明すると基本的に浮力があり、付いているリップのサイズで潜る深さが決まっているからです。浅いレンジを攻めるには小さなリップのクランクベイト、深いレンジを攻めるには大きなリップが付いたクランクベイトを選ぶのは基本中の基本です。

クランクベイトの一番の強みは、浅いところから深いところ（6～7ｍ）までレンジを刻めることです。したがって同じクランクベイトを複数持っているよりも、違う種類をたくさん持っているほうがより隙間なく攻略できます。もっと分かりやすく説明すると、仮に1・5ｍの水深の場所で釣りをする場合、1・5ｍ潜るクランクベイトだけでは効果的な攻めはできません。1・5ｍレンジで1ｍ潜るクランクでしかバスの反応がなかったり、2ｍ潜るクランクベイトじゃないと釣れなかったりするのがバスフィッシングです。

ここで「?」マークが頭に浮かんだ方はクランクベイトの楽しさ、奥深さを見逃している可能性大です。

クランクベイトのよくある使い方に、湖底を叩きながら泳がせ、バスを誘うボトムノックがあります。クランクベイトが最も得意とするテクニックの一つで、これが容易に出来るのは、クランクベイトは簡単に潜らせることが可能で、障害物に当たっても浮力でかわすことが楽に出来るからです。しかし私が言いたいのは、ボトムノックは数あるテクニックの一つに過ぎないということです。ボトムに当てても、当てなくても釣れるのがクランクベイトです。キモは「水深を刻む」こと。今、バスの目線はどこにあるのか。1mなのか、70cm？　30cm？　はたまた1・5mか？　これを意識して巻くだけで実は釣りこぼしていた魚に出会える確率は格段に上がります。

このように、ボトムを叩くことよりも私はレンジコントロールのほうが何倍も大切だと考えています。理由はいろいろとありますが、一番はやっぱり釣り人によるプレッシャーでしょうか。正直、あまりプレッシャーということを言いたくはないのですが……。私自身も、みんなが知っているメジャーなスポットや釣り方が安定、長続きすることは少なく、巻きモノに関しても「何もない中層をいかに攻略できるか」がキーになっているように感じています。そう、誰もが簡単に釣れる状況というのは残念ながら減ってしまいました。

私は海外のバスフィッシングも経験してきました。それはたまたまよい時期に行っただけかもしれないし、単によいフィールドだったのかもしれません。しかし、どの釣り場でもルアーへのアタックは実に攻撃的で本当に好奇心旺盛な魚ばかりでした。そのままの感覚で日本のフィールドで釣りをしていたら、ほぼ間違いなく釣れないと思います。

その時私は、「ブラックバスという魚は本来、こんなに素直なんだな」と強く感じました。また同時に、「日本のバスは、人間が思っているよりも、きっと散々ルアーを見せられ、釣られ、そのせいで臆病になった個体が多いのではないかなあ」という疑問が湧いたのです。私が釣れている場所や釣り方、ルアーなどの情報を参考程度にしか思わなくなったのは、それがきっかけでした。釣れた魚はその瞬間から過去の出来事となり、大切な次の魚へと意識をスムーズにシフト出来るようになっていったということです。

「ルアーはルアー」についての補足

前章でも述べましたが……ここでもう一度ぶっちゃけます！　バスフィッシングをしている時間の大半、私は「ルアーはルアー」としか思っていません。一般的に言われている「マッチ・ザ・ベイト」もほぼ気にしません。そうです、私の考えは一般的ではないのです。ここが重要なポイントです。受け入れられるか？　拒絶してしまうか？　あなたのアングラーとしてのこの先が左右されかねませんので、ぜひこの先もご愛読ください（笑）。

それでは北大祐の世界に再突入です。世の中に星の数ほど存在するルアーたち。バスはその9割以上を「ルアーをルアーだと思って食ってきている」と私は考えています。もちろんボイルやナブラが起きている、俗にいうスイッチが入った状況ではそのスポットにアプローチして食わせることもあります。これは「バスがエサと間違えて食った！」と思ってよいでしょう。どんなルアーであったとしても、そのスポットに入れれば高確率でバスがバイトしてくることは想像できると思います。

では釣れるシーン、もしくは釣れた過去を思い出してほしいのですが、ボイルやナブラが起きている状況よりも何もない、いわばニュートラルで釣れた場面のほうが圧倒的に多いのではないでしょうか。そう考えると、エサとしてルアーを投げる状況はバスがそれを追っている時、意識している時のみです。皆さんもブラックバスがベイトフィッシュと一緒に仲よく泳いでいるシーンを目撃したことがきっとあるでしょう。エサのはずなのにね。そんな場面で釣れる・釣れない、バスがルアーに興味を持つ・持たないを考えると、「ルアー＝エサ」ではなく、やっぱり「ルアー＝ルアー」にしか私には思えないのです。

　陸生昆虫や水生昆虫、エビやゴリなど小さなベイトしかいないと思われる野池でビッグベイトがハマった経験もあります。大きなベイトフィッシュはいないはずなのに。そうかと思えば、小さな野池の岸際にドバミミズが沸いている状況があり、友人はそのドバミミズをエサにバスをねらうも全く釣れず、隣でダウンショットをリグって普通にワームで釣りをしていた私がポンポン釣れた、なんて経験もしたことがあります。

　バサーがよく口にする「エサを使えば釣れるに決まっている！」という言葉。確かにエサがハマる状況ではルアーが太刀打ちできないこともあります。ただ、エサを使えばどんな状況でも釣れるのかといえば、エサ釣り育ちの私にいわせればそれはあり得ません。冷静に考えてみてください、エサを投げて釣れるくらいだったらみんなエサを使っていると思いますし、そもそもブラックバスという魚は、常にエサを食べ続けているのでしょうか。もちろん答えは「否」です。

誰よりも湖と向き合い実績を積み重ねてきた自負と結果が、
今の私のバスフィッシングスタイルを作り上げている

「ルアー＝ルアー」でなければ、エサに似ても似つかないシルエットや、音を発したり、おもちゃのようなルアーで釣れる説明が全くつかなくなります。皆さんも「なんでこんなエサと見た目が全然違うルアーに飛びついてくるのか？」と、最初の頃は思った経験があるのではないでしょうか。しかし、釣れたことでルアーに対してのモチベーションは誰もが上がるし、それをキープしやすいでしょう。ただここで間違ってはいけないのは、「そのルアーがよかったから釣れた！」と思い込むのではなく、「なぜ、このルアーに反応したのだろう？」という疑問を抱くことです。この考え方、捉え方が出来れば、どんどんルアーフィッシング本来の楽しみ方が分かってくると思います。

そうです、「釣れたバスはその瞬間、そのルアーだから釣れた」魚なのです。釣ったらそのゲームは一度そこで終わり、次は違う魚とのゲームが始まっているのだということを忘れないでください。

私がこの考え方に至るまでは相当な時間と、本当にたくさんのブラックバスとの出会いを必要としましたが、今は絶対の自信を持っています。その裏付は国内最高峰といわれるJB（日本バスプロ協会）でのメジャータイトルを全制覇した経歴からも当然きています。

JB　TOP50シリーズ　年間優勝2回
JB　TOP50シリーズ戦　優勝4回（4年連続優勝は私のみ）
JB　マスターズシリーズ　年間優勝2回
JB　ジャパンスーパーバスクラシック　優勝
JB　エリート5　優勝

JBの最高峰であるJB　TOP50に名前が変わって以後、JBのメジャータイトル全制覇を成し遂げたのは私ただ一人。もちろん、過去に数えきれないほど湖上に浮いてきた、誰よりも湖と向き合ってきた自負が根底にはあるのですが、これほど多くのタイトルを獲得できたこと自体、私は恵まれていたと思います。

バスフィッシングに限らず、魚釣りは自然の中での遊び（スポーツ）です。時には「運」も必要です。思ってもみない勝ちもあれば、勝ち試合を少しの不運で逃したことも多々あります。相手は自然、人間の力量だけではどうすることもできないのが現実です。

では「運がすべてか?」と聞かれれば、答えはノーです。自然を読む力、魚との駆け引き、ランディング技術、さらには勝ちがかかった状況でのメンタルコントロール。さまざまな要素が噛み合わないと勝利はおろか、上位へのスタートラインにも立つことができないでしょう。その点において、私には次章で解説する絶対的な自信を持っているバスフィッシングの理論・法則があり、それがトーナメントでのベースになっているのです。

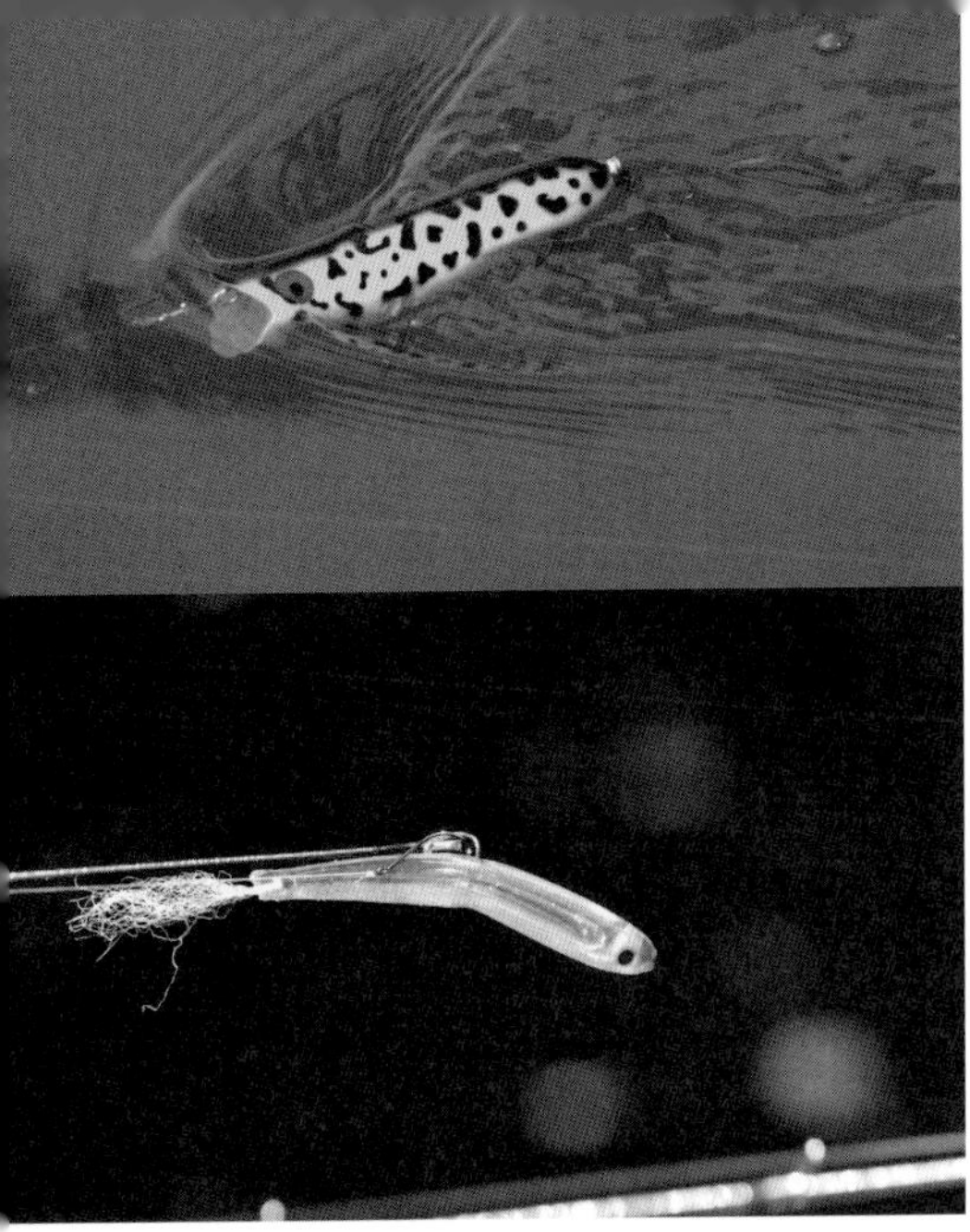

ルアーは見た目からくるイメージや情報等に左右されるのではなく、あくまでも自分の感覚を大切にして、「なぜ、このルアーに反応したのだろう？」と常に疑問を抱き続けることが大切

ルアーの特徴を理解し生かすためのパワーランクシステム

その日その時に何を投げるかで釣れる・釣れないが決まるといっていいほど、ルアー選びは大切です。もちろん多くの人にとってバスフィッシングは趣味。「こんなルアーで釣れたらいいな～」、「あんなルアーで釣ってみたいな～」という思いを持ってするほうが楽しめるでしょう。しかし、今のご時世その考え方だけでは、なかなか思うように釣れないのが現状です（それで釣れるくらいなら苦労はしませんよね）。

なかば釣れないことを前提に、「僕はデカバスしかねらっていませんから」的な人も多くなったな～と感じる反面、そんなアングラーを目にすると、自ら釣れなくしているように思えてしまうこともしばしばあります。デカバスねらいは何も否定もしませんが、やっぱり釣れないよりも釣れたほうが楽しいでしょうし、ねらっていなくてもデカバスが釣れることも多々あるものです。とにかく、自ら選択肢を減らしてしまうような考え方は本当にもったいないと思います。せっかくバスフィッシングというこんなに素晴らしい遊びに出会ったのだから、もっと深く、楽しく向き合ってほしいなというのが私の意見です。

それでは、より深く楽しむためにまずはルアーの役目をしっかり見極めましょう。

先のクランクベイトでたとえると、優先順位として私の場合、「サイズ」＞「潜行深度」＞「アクションの質」＞「泳ぎ姿勢」＞「サウンド」＞「カラー」となります。「サイズ」を一番にした理由ですが、サイズ感はどうやっても変えられません。大きなサイズがよいのか、小さなサイズがよいのか、これは実際にフィールドに立ってルアーを投げ、バスからの反応を見てみなければいけません。50㎜なのか、60㎜か、それとも40㎜ボディーなのかで全くといっていいほど反応が変わるのは日常茶飯事です。仮にビッグベイトを例に挙げると、ビッグベイトはデカいから効果的ということなのです。普通のミノーやワームのサイズでは、ビッグベイトで釣れている魚に出会うのはなかなか難しいかと思います。

次に「潜行深度」ですが、これはクランクベイトの最も得意なところです。50㎝・1m・1.5m・2m・2.5m・3m……現実的には6mくらいまで50㎝刻みで容易にレンジ別攻略が可能になります。より細かなクランクシステムを組むことが出来れば、さらにレンジを細かく刻めるようになります。これを仮にスピナーベイトやバイブレーションで同じことをしようとしても、なかなかコントロール出来ない、というかイメージが難しいかと思います。何度も言いますが、巻きモノにとって「レンジは命」です。レンジが10㎝変わるだけで驚くほどの釣果の差になったりすることも起こります。レンジコントロールを甘く見てはいけません。誰が巻いても同じような性能を発揮するクランクベイトというジャンル。そういう意味でもクランクベイトというルアーは、昔から支持され続けているジャンルなのでしょう。

次に「アクションの質」です。クランクベイトのアクションについてよく耳にするのが「ウォブル」「ロール」「タイトピッチ」などの言葉。その表現方法に私は疑問があります。それは「何と比べて言っているの？」と思ってしまうから。アクションを言葉で表わすこと、伝えることはなかなか難しいものです。私には弱いと感じるアクションでも、人によっては強いと感じることもしょっちゅう起こります。

そこで私がよく説明している方法をお教えします。それは、とっても簡単。クランクベイトが泳ぐ時に発する引き抵抗で順位をつけるだけです。

たとえば3種類の同じ潜行深度1・5ｍのクランクベイトを投げ比べしてみてください。きっと3種類とも違った引き抵抗のはずです。そこで強い順、弱い順でランクを決めるのです。基本的にクランクベイトはサイズが大きくなると引き抵抗も大きくなり、サイズが小さくなると弱くなりますが、ルアーの大小でランク付けするのではなく、同じようなサイズ感、ボリュームのクランクベイトでランク付けをすることが大切になります。Ⅳ章では北大祐流・ジャンル別パワーランクシステムを解説しているのでご参照ください。

パワーランクシステムをスピナーベイトに当てはめると

「北大祐流・パワーランクシステム」の考えはクランクベイトに限った話ではありません。それはスピナーベイト、チャターベイト、スイムジグ、シャッド等ルアーを問わずジャンルの垣根を越えて共通します。たとえばスピナーベイトで考えてみましょう。スピナーベイトはいろんなパーツの集合体からなる複雑なルアーです。ウエイト、ヘッド形状、ブレードの形・サイズ・コンビネーション、ワイヤーの線形・形状、スカートの量やカットの仕方など、クランクベイトと比べると本当に複雑で多くのバリエーションが存在します。が、ここでも大切なのは自分なりにパワーランク別のシステムを組むことです。

スピナーベイトの命は何といってもブレードです。ブレードが水をつかんでバイブレーションを発するため、ブレードでそのスピナーベイトの性格・キャラクターが決まるといっていいほど、スピナーベイトにとってブレードは重要なパーツです。ブレードにはさまざまなタイプのものがありますが、一番メジャーなのはウイローリーフという木の葉を模したような細長いブレード。次に強いバイブレーションを生むことが特徴のコロラド。そして、ウイローリーフとコロラドの中間的な存在がインディアナというブレードです。ほかにも探せばまだいろんな形がありますが、現在の国内市場で一般的に買い求めやすく、使いやすいのがこの3タイプのブレードです。

ブレードは、形状や厚みによって違いはありますが、幅の大きさで振動が変わります。一番細身であるウイローリーフはブレードの回転軸が小さいため弱いバイブレーションを発し、幅のあるコロラドはブレードの回転軸が大きくなり最もバイブレーションが強いブレードといえます（ブレードの厚み、カップの深さによって違いは出ますが）。つまり、バイブレーションの弱いウイローリーフタイプのブレードが装着されたスピナーベイトは、速く巻いてもゆっくり巻いてもきれいに回り続け、引き抵抗が弱いため速く巻いても浮き上がりにくいという特徴があります。また巻きモノではよくいわれる一定層をキープするアプローチのしやすさもあります。スピナーベイトにはスローロールというテクニックがありますが、少し深いレンジでスローロールをするにはウイローリーフタイプのブレードが付いたスピナーベイトがそういう点から適しているといえます。

それとは反対に、バイブレーションが強いコロラドタイプのブレードが装着されたスピナーベイトは、バイブレーションが強いが故にしっかりと水をつかんでブレードが回るので浮き上がりやすいという特徴があります。ただし、回転軸の大きなコロラドタイプのブレードは回転数がウイローリーフタイプと比較すると極端に少なく、あまりにスローなりトリーブには向きません。したがって深いレンジでは一定層をキープして使うことは難しくなります。要するにウイローリーフタイプのブレードとコロラドタイプのブレードが付いたスピナーベイトは、同じスピナーベイトでも全くといっていいほど異なる波動・アピール・キャラクターなのです。

私のイメージとして、ウイローリーフタイプのブレードが付いたスピナーベイトは「シャッド」、コロラドタイプのブレードが付いたスピナーベイトは「クランクベイト」というような表現をすれば分かりやすいでしょうか。どちらもリップが付いていて、巻くと潜る、いわば同ジャンルのシャッドとクランクベイト。皆さんはどのような使い分けをされていますか。私の場合は完全に同じカテゴリーです。大きさ、パワーが優先であればクランクベイト、小さなシルエット、タイトなピッチ（アクション）が欲しいと思えばシャッドという使い分けしか実はしていません。しかし、なぜか今の日本のバスフィッシングシーンでは別ジャンルのように扱われており、私にとってそれは驚きでもあります。

話をスピナーベイトに戻すと、同じスピナーベイトでも投げているタイプが違えば、それは全く違ったルアーを投げているという感覚を持つことがとても大切になってきます。同ウエイトのブレード違いは当然、同タイプのブレードコンビネーションでもウエイトが違えば性格はガラッと変わるということです。

現在の国内市場でよく流通しているスピナーベイトは大きく分けて4タイプあります。4タイプというのはブレードのコンビネーションの種類という意味です。まず、最も弱いバイブレーションを生むシングルウイロー。次にウイローリーフタイプのブレードが2つ付いているダブルウイロー。スピナーベイト中おそらく一番多く市販されているフロントブレードがコロラド、リアブレードがウイローリーフのコンビネーションであるタンデムウイロー。そして最も強いバイブレーションを生むコンビネーションがコロラドブレードが2つ付いたダブルコロラドです。

ここではブレードタイプだけに的を絞って話を進めてきましたが、これはスピナーベイトのサイズ、ウエイト、スカートを含めたボリューム等の要素が加わることでパワーが異なってくるので、あなた自身の引き抵抗に対する感覚が最も重要になってきます。クランクベイトのパワーランク別システムと同様に、スピナーベイトでも同じシステムを組むことにより隙のないスピナーベイトシステムが完結します。そのためには、手元にあるいくつかのスピナーベイトがそれぞれどれくらいのものか、投げ比べてみることから始まります。私もそうですが、実際に投げてみないとそのルアーがどんな性格をしているのかは分かりません。どんなルアーでも釣れるルアーになるかどうかはあなた次第です。

III

北大祐流・絶対的水貧理論

バスにとっての「水」とは

バスフィッシングに限らず、私が釣りをする際に最も気にするものは何だと思いますか。逆に皆さんは何ですか。天気、時期、気温、水温、風、気圧、流れ、水の透明度、スポット、ストラクチャー、ベイトフィッシュの存在、はたまた時間（タイミング）？

バスフィッシングのみならず、釣りという遊びにはいろんな釣れるファクターが存在します。本書をお読みのあなたもきっと、釣りをしている時は知らず知らずのうちに「釣れそうだな！」「だめだ」など、いろいろと感じていると思います。

過去に同じような条件で釣った経験がある、シチュエーションが似ているなど、自分の経験則から未来を想像するのはイメージが湧きやすいと思います。それとは逆に釣ったことのない、もしくは釣れるイメージが出来ないシチュエーション、ルアーとなると誰もが予想困難、戸惑うことになるでしょう。これはきっと今の日本のバサーが抱える大きな課題だと思います。なぜか？　理由は簡単です。「釣り」「ルアーフィッシング」の芯がしっかり伝わっていない、伝承されていないからにほかなりません。

表面的な部分の知識を持っている方は本当にたくさんいます。私よりもバスフィッシングの「知識」を持っている方はいくらでもいるでしょう。しかし現場で自然の流れを感じ、身を任せる、自然の流れを追いかけるということに気を使えるというか、集中する釣り人は残念ながら少ないです。

バスフィッシングに限らず、いろんな魚釣りに共通する大切なことについて……ここからはそんなお話です。本書の中で最も重要で、皆さんに私が一番知ってほしいと思うポイントです。

さて、冒頭の質問に対する私の回答は「水」です。水は生命の源であり自然の一部です。そして、ブラックバスをはじめとする魚たちは水中で生活しており、そこから出ることはできません。これを私たち人間に置き換えるなら、人は陸で生活し、呼吸により空気中の酸素を吸い、二酸化炭素を排出する。そして空気の質によってはさまざまな変化が起こります。たとえばPM2・5のような汚染された空気の場所とそうでない場所では、心地よさが違うし気持ちの落ち着きも違います。空気の澄み切った高原で深呼吸した時、雨の後に空気中のチリやホコリが減って景色が遠くまではっきり見える時、気持ちがいいです。

また、陸上競技の選手が取り入れているものに高地トレーニングがあります。空気が薄いと少しの運動で心拍数が上がったり、極端な場合には意識が遠のいたりしますが、心肺機能や持久力の向上が望めるというメリットがあります。富士山の山頂で運動すると疲れるのは容易に想像がつきますよね。山といえば、エベレストのようなより過酷な環境の山を目指す登山家は、山を登ることよりも身体を酸素が少ない状況に慣らすこと、順応させることが大事な作業になるそうです。そりゃそうですよね、下手すると死が待ち構えているのですから。

これらのことは魚釣りにも共通する部分があると私は思っています。水中から逃げ出すことができない魚たちは、どんなに過酷な状況が訪れたとしても自分の体力だけで乗り越えなければならない。その意味では人間以上に受動的に自然界に振り回されているといえます。しんどいからといって薬を飲んだり病院に駆け込んだり、服を着たり、エアコンの効いた部屋に入ったり、精のつくものを食べたり……なんてことはありません。それが弱肉強食の自然界です。

ですから私の考え方では「気分」や「なんとなく」で魚たちが動くことはなく、そこには常に理由があると思っています。そして釣れることにもまた理由があると思っています。彼らは常に「死」と隣り合わせの状況で生きているわけですから。

とはいえ、すべての魚が必ずそういう意識をもって生きているかというと、私の感覚ではそうとも思いません。たとえば小さなバスは好奇心が強く、あらゆるルアー、アプローチに対して興味を示してくることがあります。25㎝未満のバスは恐怖心よりも好奇心が勝っているように感じます。しかし同じフィールドでアベレージ以上（たとえば琵琶湖では50㎝くらい）になると、明らかに警戒心が大きくなっているように感じます。人間でも同じように子供のころは警戒心が薄く、危険な体験や怪我などをすると「これは危険なんだな！」という危機察知能力が身についてきます。魚にとってもそれは同様で、小さなバスと大きなバスでは明らかに好奇心と警戒心の比率が違うということです。ですから大きなサイズをねらう時と、小さくてもよいからバスの顔を見たい時とでは、そのアプローチは全く違ってきます。

私がこれから話していく内容はアベレージサイズ以上のバスに的を絞っているため、すべての個体に当てはまるというモノではないので悪しからず。また、スポーニング時期のバスたちは攻撃的な感情が高まり警戒心を上回るため、これも私の水質理論からは逸脱するのでご注意ください。

北大祐流・絶対的水質理論

話を水に戻しましょう。水はフィールド、季節、環境の違いによってさまざまな変化を見せます。めちゃくちゃきれいでこのまま飲めるのでは!? というフィールドもあれば、普段から濁っているのが当たり前のフィールドや、細かい粒子やアオコなどが浮いていて見るからに健康的ではない状況もあります。

変化し続ける水。そしてあなたは、「水によって釣りを変化させていますか?」。

私はこの水がルアー選び、エリア選び、アプローチ選びの核になっています。

残念ながら、水に対して具体的に説明されているプロアングラーやメディアは本当に少なく感じます。というかほぼ皆無かと思います。私は学者ではないので、これから記す内容に科学的な裏付けが100%あるわけではありません。しかし、私のバスフィッシングの根底には水に対する考え方が根付いています。その理由は、トーナメントを含む自身の膨大な経験と、ガイド業を通じて見てきたこれまた数多くの魚たちのほとんどが、私の水質理論の想定内に収まってしまうからです。

私の考えでは、フィールドでは水こそがその場にいるバスのクセ（性格）等を決める要素になっていきます。経験を積み重ねていくうちに、「もしかして水でパターンフィッシングが成り立つのでは？」という疑問がある時浮かび、その後完成した水質理論は、まだ誰にも打破されていません。「何を偉そうなことを」と言われそうですが、私はいつも自分の水質理論を打ち破ってくれるアングラーやバスはどこかにいないかと、できるだけ多くのアングラーと話をするように心がけています。しかし、今のところいません（笑）。いたらぜひ紹介してほしいとも思っています。

私の水質理論は、簡単に説明すると「水質でルアーを変えましょう！」というモノです。前章ではクランクベイトやスピナーベイトを例に、「どんなルアーでもパワー別ランクシステムを完成させましょう」という話をしましたが、この本当のねらいは、水質次第で釣れるルアーが変わるからにほかなりません。それはクランクベイトやスピナーベイトに限った話ではなく、ハードルアーだろうが、ワームだろうが、トップウォーターだろうが同じことです。完璧なルアー、これさえあればよいというルアーはルアーフィッシングには存在しません。そしてそれぞれのルアーには個性があり、バスに対してアピールの仕方も違います。

私がバス釣りと出会った20年くらい前はプレッシャーというか情報があまりなかった時代。とにかく、いい場所探し＝よい釣りが出来るかどうか、という感じでした。しかし、当時から釣れないものは徹底的に釣れないという経験もしてきました。たとえばバズベイト。水面では釣れるけれど、水中を巻くと全く釣れません。ビッグバドも速く巻けばクランクベイト同様潜りますが、潜らせて釣れる状況はごく一部。20年前でも釣れないものは釣れませんでした。

そして今の時代は情報量が飛躍的に増え、アングラーのスキルが向上し、フィッシングプレッシャーがあまりにも厳しい中、バスたちは棲むところを変えることなく生活しています。つまりルアーを見慣れているといってもよいでしょう。そして間違いなくルアーを選ぶようになっています。私の水質理論は、そんなバスたちに選ばれるルアーチョイス法でもあります。水質とルアーのパワーが合っていれば、意外と簡単にバスは釣れるものなのです。

野池と琵琶湖で考えてみると

あなたが普段行くフィールドが野池だとします。野池とひと口にいっても、クリアウォーターあり、マッディーウォーターあり、皿池や山間地の池などタイプもさまざまです。その成り立ち方でバスのクセや性格が変わってきます。

皿池タイプは平地にあることが多く、水深も平均して浅いと思います。平地なので風の影響も受けやすい。言い換えれば状況が変化する幅が広いということでもあります。山間地の野池は逆に急深であることが多く、また山に囲まれているので風や気象条件の変化に強い、または影響されにくいといえます。野池の規模にもよりますが、このように考えると同じ野池でも大きく2タイプのフィールドに区別できます。

ここから先が重要なポイントです。変化の起こりやすい皿池タイプの野池と、山間タイプの野池では何が変わってくるでしょうか。私の考え方では「水の硬さ」が違います。ここでいう「水の硬さ」とは私なりの表現方法であり、学術的なものではありません。ソコは深く突っ込まないでくださいね（笑）。

さて、皿池タイプと山間タイプの野池ではどちらのほうが水が硬いと思いますか。答えは山間タイプの野池です。皿池タイプの野池は風や気温の変化に対してクイックに反応します。水がかき回されたり濁ったり、空気中の成分が水中へ溶け込む、それらが頻繁に起こりやすいのが皿池タイプの野池です。水が温まりやすく冷えやすいともいえるので、春・秋は釣りやすく、夏・冬は釣れにくいことが想像できます。

逆に、山間タイプの野池は水深があることが多いので多少の風や気象条件の変化に強いといえます。端的にいうと皿池タイプの野池では一年を通して水が動きやすい（動かされやすい）ので、水中でいろんな物質が混ざり合っていることが想像できます。逆に山間タイプの野池では、一年を通して水が落ち着いていることが多い。そう考えると同じ野池でも選択するルアーは自ずと決まってきます。野池に限らず水が動きやすいフィールドでは、水が動いているのですからバスへのアピール優先となり、水が止まっているフィールドではスローな展開、もしくは物陰に隠すようなアプローチがよくなったりします。

仮にこれを琵琶湖で考えてみると、南湖と北湖で全く同じことがいえます。水深の深い（最深部100mほど）北湖では、水が硬いが故にスローなアプローチが軸になります。北湖に通っているアングラーならイメージしやすいと思いますが、クランクベイトやバイブレーション、チャターベイトといった俗にいう強いルアーではなく、I字形ビッグベイトやスイムジグ、スイムベイト、I字形ルアーがデカバスキラーとなります。そして水深

硬い水から軟らかい水への変化の一例。
濁りが入って岸際の水の色が変わりつつある

が浅く（最深部10ｍほど）、風や気象条件の変化に影響を受けやすい南湖では、それらのルアーよりもクランクベイトやバイブレーション、チャターベイトといった強いルアーのほうが一年を通してみれば釣れます。これは「北湖のほうが水が硬く、南湖のほうが軟らかいから」と言えます。

想像してみてください。北湖の最深部は100ｍ以上あります。では100ｍレンジの水はどうなっているでしょうか。そんなエリアでは外気の影響はほとんどなく、水の動きもわずかといっていいでしょう。そして、その水深の水は「超硬い水」です。水圧がかかっているので酸素やプランクトン類など水中の不純物も少ないでしょう。

そんな過酷な環境に生物はあまりいないと思うのですが、仮にその水深にバスがいたとして、釣るとなれば私はどんなルアーを選び、アクションをつけるでしょうか。勘のよい方ならお分かりでしょう、答えはノーアクション。動かしません。というか動かさないように気を付けます。なぜなら、水が硬いから。逆に南湖の最深部（10ｍ）では平気でアクションをつけて誘い、釣ります。理由は水が軟らかいからに他なりません。

「水が軟らかいとアピール重視・硬いと控えめなアクション」。これこそ私の水質理論のベースの考え方となります。

糸電話との共通点

皆さん、糸電話は知っていますよね？　紙コップに糸を通して遠くにいるのに話が出来るアレです。実はあの糸電話、私の水質理論に共通していることがあるのです。

糸電話は糸を張っていないと聞こえません。また風が強くても聞こえません。それはなぜだか分かりますか。理由は空気の振動がないからです。糸電話の仕組みは、糸を張った状態で話をすることで糸が震えて空気が振動し、それが音として相手に伝わります。実はコレ、魚釣りにも全く同じことがいえるのです。水中に入っているラインを張ると、ラインが水を切る摩擦が起こります。緩めると摩擦は軽減されます。ここで、摩擦によって何が生まれるかを想像してみてください。

「摩擦が起こるということは、それだけ水を押している＝バスにアピールしている」ということができ、また「摩擦を軽減させる＝バスへのアピールを弱める」ことになります。これをワームの釣りに置き換えて考えてみましょう。ワームの釣りで動かしている時（シェイク等）と動かしていない時（放置）では、どちらが釣れるでしょうか。もちろん状況次第ではどちらも釣れます。しかし、タフな状況下を思い出してみましょう。きっと「放置している時に勝手に食ってきた」とか、「バックラッシュを直したら釣れていた」という経験をされた方は多いのではないでしょうか。そんなことは大体釣れにくい状況や釣れていない時に起こります。

お分かりですね！　釣れにくい時に起こりやすいということは、ラインを動かす時に発生する摩擦をバスが嫌っているということなのです。それくらいバスはルアーやアプローチ、ラインの摩擦に敏感です。そしてその状況では「水が硬い」といえるのです。私のイメージでは、水を動かす波動・水流がバスに警戒心を与えています。このような場合にはスローなアクション、アプローチ、ルアーチョイスが必要とされます。

逆にそんな状況だったところに風が吹いてきたり、流れが出るなどの変化が起これば、スローな展開から少し強い釣りにシフトすると効果的なことが多くなるというわけです。つまり状況を把握し、その状況に応じたアプローチ、ルアーチョイスを行なうことができて初めて自然を肌で感じること、自然を追いかけることに繋がっていくのです。

フィールドの「普段の姿」を覚えておく

あなたがよく通っているのはどんなフィールドですか。

普段から濁っているフィールドでしょうか？

クリアウォーターのフィールドでしょうか？

流れのあるフィールドでしょうか？

流れのないフィールドでしょうか？

目の前のフィールドがどのタイプなのか把握することは大切です。そして、そのフィールドの「普段の姿」を覚えておくことがより重要になります。

「いつもより濁っているな」

「いつもよりクリアになっているな」

「いつもより流れているな」

「いつもより水がよどんでいるな」

「風が強いな」

そこでは変化をとらえる観察眼が必要とされます。フィールドでは頼れる人はほぼいませんが、自分自身の感覚で釣るほうが何倍もワクワクするはずですから、不安に思う必要はありません。とにかく、あなたの感覚がベースとなります。

そして、「いつもより濁っているな」と感じたなら、ボリュームや動きの大きなルアーを選択しましょう。それはライトリグであろうが、クランクベイトであろうが、トップウォーターであろうが同じことがいえます。この時、してはいけないのは釣れないからといってボリュームダウンさせること、そしてフィネスに寄ることです。ボリュームダウンしていい状況、フィネスに展開すべき状況というのは「いつもよりクリアアップしている状況」、そして「晴天無風」に近い穏やかな状況の時です。

少しのことで釣果はガラッと変わるものです。それくらいバスはルアーを見ていますし、常に感じているといっても過言ではないでしょう。

あなたが過去に釣ってきた経験を元に、「目の前の状況を観察し、アジャストすること」、これが出来ればあなたのバスフィッシングはもっと豊かなものになることでしょう。

水質理論はターンオーバーにもハマる

皆さんご存じのターンオーバー、季節の変わり目で起こりやすい現象ですが、なぜだかネガティブな印象を持たれているアングラーが多いように思います。それはきっとネガティブな情報発信が多いからなのでしょう。私も昔は「ターンオーバー現象＝釣れない」と思っていました。しかしフィールドと向き合うことで、むしろターンオーバー現象は釣りやすいチャンスでもあると今では感じています。

何を隠そう、私の経歴・戦績を振り返ってみるとターンオーバー現象真っ盛りの季節に多く優勝しています。この理由を少し紹介していきます。そこには先にも記してきた私の水質理論が根底にあるのは間違いなく、ターンオーバー現象こそその理論をあてはめやすい時期なのです。

ところで改めてお尋ねしますが、ターンオーバーとはどんな現象か把握できていますか。これはお風呂のお湯でたとえると分かりやすいと思います。湯船に熱いお湯を張って少し時間がたつと、表面は暖かいお湯なのに底のほうまで足を入れると「冷たい!?」という経験をした方はたくさんいると思います。上層と下層の水（お湯）がくっきり分かれることからそうなるわけですが、一日の気温差が大きくなりやすい春や秋のフィールドは、あの湯船の水と同じと思って頂けるとよいかと思います。

　さて、この時上と下で温度が違う湯船にどうやって入りますか？　まず底のほうを温めるために追い炊きをするとして、必ず皆さんやることがあると思います。それは「かき混ぜる」ことです。そう、それがターンオーバー現象です。

　寒暖差の大きな時期、自然のフィールドではあの湯船のようなことが起こっているのです。勘のよい方ならお気付きでしょう。水が上層・下層に分かれているということは、水が安定している＝硬くなりかけている。それが風や大雨などで変化が起こると、安定していたものがかき混ぜられ「軟らかい水」になるのです。寒暖差の大きくなる秋や春は毎日この繰り返しです。

　普段は「硬い水」のフィールドでは、このターンオーバー現象が起こる時こそビッグバスのＩＱが落ちる食わせやすい時期なので注目です。例を挙げると、普段はＩ字形が効果的なフィールド。具体的には河口湖や西湖、七色ダム、野尻湖、芦ノ湖などは比較的「硬い水」といえます。そんなフィールドには、いるけど食わない・食わせられない、俗にいう天才バスがたくさんいたりします。それは「硬い水」が故に少しでも水を動かしてしまうとバスに違和感を抱かれ、見切られるためです。その水がターンオーバー現象で軟らか

七色ダムは水が硬いフィールドの一つ

川は全体の水が常に流れている点が湖との大きな違いだ

くなる時……もうお分かりでしょう。水が普段よりも軟らかくなることで、多少の水の動きはバスに伝わりにくい状況となり、警戒心が和らぐ＝釣れやすくなるのです。

これはクリアウォーターに限った話ではありません。霞ケ浦でも、琵琶湖でも、いろんなフィールドで適応可能です。ただし、川だけは別です。川は常に流れています。そして全体の水が動いています。動いていないワンドのようなポイントであれば共通するかもしれませんが、そもそも水が流れている川に天才バスが少ないのは、こういった理由からくるものだと思います。とにかく水次第でバスの性格がガラッと変わります。

状況がクイックに変化を起こす時期こそ、私の水質理論を体験できるチャンスかもしれません。

Ⅳ

北大祐流・ハードルアー
パワーランクシステム構築

プロセスのための第一歩・ルアージャンルの整理

バスフィッシングは、数あるルアーフィッシングのターゲットの中でもルアー（釣り方）の選択肢が断トツに多いことが奥深さの一つになっていると思います。本書のボリュームでは到底そのすべては説明できないので、ここでは大まかな私なりのルアーシステムを解説していきます。

まず初めにルアージャンルの整理から始めます。ジャンルとはクランクベイトやスピナーベイト、バイブレーションやミノー、シャッドといったことです。そしてこれらをパワー別に整理していきます。ボリューム等でルアーの存在感は変化しますが、私の基本的な考え方はシンプルです。巻いた時（ルアーを泳がせた時）、手元に伝わってくる振動（バイブレーション）が強いものはパワー「大」。逆にあまり振動が伝わってこないものはパワー「小」となります。

たとえば「クランクベイト」というジャンル一つとってもさまざまなルアーが存在します。1mも潜らないシャローランナーもあれば、5m以上潜るディープダイバーもクランクベイトにはあります。そしてサイズも多種多様。ここ最近流行ってきている握りこぶしほどあるマグナムクランクから、スピニングでしか投げられないようなタイニークランクまで、クランクベイトという単語の中には恐ろしく多くのルアーが含まれています。

本書の読者の方ならきっとすぐにイメージできるかと思いますが、同じクランクベイトのジャンルでも似たようなサイズ感だったり、似たようなレンジを引けるけれども動きが弱々しく引き抵抗の弱いものから、パワフルにブルブルと水を攪拌《かくはん》するタイプのものまで市場には存在します。そして、クランクベイトでよく耳にする「システムクランキング」という言葉。私の知る限り今までこの言葉は、レンジ別にクランクベイトを用意し、レンジの隙間をなくす意味で使われることが多いように感じますが、私なりの「システムクランク」という言葉の意味は少し違います。それは「同じレンジでパワーの差のシステム」を構築するというものです。

シャロークランクを例に話していきましょう。今の日本のクランクベイト市場には多くの1～1・5mレンジに的を絞ったクランクベイトが存在します。きっと、いや間違いなくあなたのボックスにも何個かは入っていることでしょう。誰しも好きなクランクベイトがいくつかあると思います。ところであなたはどんなシャロークランクが好きですか。

OSP「ブリッツ」ですか？

ノリーズ「ショット」？

ラッキークラフト「RTO1・0」？

DEPS「イヴォーク」？

ダイワ「ピーナッツ」？

シマノ「マクベス50」？

ジャッカル「マッシュボブSR」？

それともエバーグリーン「ワイルドハンチSR」？

これらはいずれも国内で支持されているクランクベイトのごく一部です。また、重ねておたずねしますが皆さんは何を基準にルアーをチョイスしていますか。好みですか？　釣りたいルアーですか？　バスフィッシングは趣味ですから、釣りたいクランクでも、好きなクランクでも、買ったばかりのクランクでもいいと思います。楽しむことが大前提ですからね。ただし、それで釣れる時は！　の話です。

どんなに釣れる状況に巡り合っても、どんなに釣れているフィールドを見つけたとしても、一日の中では「釣れていない時間のほうが長い」ことは間違いないでしょう。つまり釣れない時間に「何を思い、考え、次の行動に移行するか」が非常に大切になってきます。よく言われる「魚へのプロセス」です。このプロセスを自分自身の考えを元に辿って釣れた魚は、本当の意味で「釣った魚」ということになります。この経験ができれば一気に視界は広がり、ルアーフィッシングの奥深さにさらにのめり込んでいくと思います、私のように（笑）。

話が脱線してしまいましたが、簡単にいえば、お気に入りのルアーで釣れなかったらどうしますか？　ということです。一つのルアーを黙々と投げ続けるのか？　手を変え品を変え試してみるのか？　あなた自身はどう判断しますか。

私の答えは、釣れないなら「〝何か〟を変える」を試みます。「クランクベイト↓ワームの釣り」でもよいし、「クランクベイト↓違うクランクベイト」も大アリです。とにかく変化をすることでバスに変化を与えるのです。で、釣れなければまた変化を、という具合に自分なりのストーリーをつなげていくことが大切になってきます。そのストーリーが、先ほど述べたプロセスとなるわけです。

最初からいきなりゴールを目指してはいけません。目指したくなる気持ちは分かりますが、何事も一歩ずつの積み重ねです。

ルアーチェンジのための理由作り・パワーで順番を付ける

さて、前項で述べたあなたのストーリー作りを手助けするのが北大祐流のルアーシステムの構築となります。どんなルアーを選ぶか？　それは各自の判断です。だからといって好き勝手にルアーチェンジしていくと無限の選択肢という迷宮に入り込んでしまいがち。そこで「変える理由」が必要になってきます。無造作に変えるのではなく、「なぜそのルアーに変えようと思ったのか」説明できれば問題なしです。その判断が間違っているかどうかは気にする必要がありません。というより、「今、このルアーじゃないと絶対にダメ」と言い切るためにはものすごい量のプロセスが必要で、滅多にそこまでたどり着くことはできませんし、そういう状況に出会えることは私でもほとんどありません。また、そもそも1尾のバスの反応を同時に2つのルアーで検証すること自体不可能です。

ではなぜ変える理由が必要になってくるのかというと、それは「思い込むため」です。思い込むにはルアーの順番をきっちり整理しておく必要があります。そうしておかないとフィールドに立った時、風が強い、雨が降ってきた、濁っている、めちゃくちゃクリアアップしているだの、目の前の状況に振り回されて何をどうしたらよいのか分からなくなってしまうものです。そこで事前に思い込むための準備が必要ということです。

引き続きシャロークランクを例に話を進めていきます。私の考え方では、ルアーはすべて違います。似たような形、大きさ、見た目だとしても、です。ルアーが変わればバスへの訴え方も変わると思っています。ブリッツにはブリッツの、ショットにはショットの、バスに訴えかける信号があります。そこに「順番」をつけていくことが第一歩となります。

ここで私なりのシステムクランクを紹介します。これは私が思っているだけで「あなたの大正解」とは限らないことをお断りしておきます。まず「似たサイズ」と「似たレンジ」のクランクベイトにグループ分けしましょう。先ほどのクランクベイトの中からグループ分けするとするなら、「ブリッツ」「RTO1・0」「マッシュボブSR」「ワイルドハンチSR」「マクベス50」はほぼ同じボリューム、そしてほぼ同じレンジを潜るクランクベイトのグループに属すると思います。

次にこれらをお風呂でもいいので水を張って泳がせてみましょう。きっと動きの違いに気が付くはずです。ロール主体でパタパタ泳ぐものもあれば、左右に大きく頭を振って引き抵抗が強いのもあるでしょう。パワーで整理すると私の順番はこうなります。

1「ワイルドハンチSR」
2「ブリッツ」

3「RTO1・0」
4「マッシュボブSR」
5「マクベス50」

数字は若いほうがパワーが弱く、大きくなるほど強い。これで1～1・5mのクランクベイトのシステムが完成です。何度も言いますが、正確に数値を出したわけではなく私が思い込んでいるだけですが、「思い込み」で大丈夫です。あとは実際にフィールドへ行き、風や流れが強く水に動きがある、または水が濁っている状況であれば数字の大きなほうからチョイスしていき、逆に風なし、流れなし、濁りなしの状況であれば数字の若いほうからチョイスすればよいのです。このようにシステムを構築しておけば次のルアーセレクトが容易になりますし、何よりも「ルアーを変える理由」になります。

さあ1～1・5mのクランクベイト、それも同サイズで5つの引き出しが出来ました。仮にこれが1・5～2mのクランクベイトなると私の場合は、

1「ワイルドハンチ」
2「ブリッツMR」
3「マッシュボブMR」
4「バレットヘッドDD」

5「ウィグルワート」

1〜2mのクランクベイトの引き出しが10種類に増えましたね。今度はサイズ違いも考えてみましょう。2017年、私が「Basser オールスタークラシック」連覇を決定付ける魚を釣ったフルサイズクランク（あの時はRC2・5）ではどうなるかというと、

1「BDS3」
2「ブリッツMAX」
3「RTO2・5」
4「WEC　E2」
5「ノーネームクランク#2」

このように自分の引き出しを増やしていくことで、これまで見えていなかったルアーの性能や性格にも気が付くことがあると思いますし、何よりいろんなルアーを知るきっかけになるかと思います。ルアーを知れば知るほど引き出しは増えるわけですから、自然界に棲むバスという魚のコンディションにアジャストできる可能性が膨らむはずです。

水質にパワーを合わせる

ではなぜパワー別で整理整頓しないといけないのかを説明します。私の理論は大前提として「水質」で決まります。最近は（本書でも）「水が軟らかい」とか「水が硬い」というふうに表現していますが、もっと具体的に言うと、「水中にある不純物の量」でルアーのパワーを選ぶようにしています。水中には酸素以外にも本当にいろいろなものが含まれています。プランクトン、田んぼなどから入ってくる農薬、鉄、ミネラル、塩素、菌類……そして大切なのは何の物質が含まれているのかではなく、不純物が多いか少ないかです。

冬と夏の水では水質が全く違います。低水温期は透明度が上がりやすい時期ともいえます。それは水温が下がることによって水の比重が上がるからだと思います。水深のあるダムなどの深いレンジの水を想像してみてください。水圧がかかり、酸素などは少なく、水の動きもあまりないことが想像できます。次に、真冬（日本のフィールドでは私のイメージとしては表水温8℃以下）で釣れる釣りを想像してみてください。きっと大きな共通点に気が付くはずです。お分かりになりますか？　それは、水を押さない（動かさない）アクションにバスの反応が集中するということです。少なくとも私の経験ではそうです。

真冬の代表的なルアーにメタルバイブやメタルジグが挙げられると思います。バイトの多くはフォール中に集中します。重たいものがストンと落ちるアクションがバスに訴えかけるのです。水温が下がれば下がるほど、速いフォールスピードが効果的なように思います。逆に、ゆっくりバタバタと落ちていくホッグ系のテキサスや、ライトリグの中でも多く水を動かすネコリグやジグヘッドワッキーでは釣れるイメージが湧きません。水深10m以上のディープでのスーパーディープダイバーやディープクランクをシンキングにして使うメソッドもありますが、真冬にディープで強いアクションで釣った記憶が私にはありません し、「釣った!」という情報も聞いたことがありません。自然のことですから絶対はありませんが、釣れやすいか・釣れにくいかで言ったら間違いなく釣れにくい部類に入ると思います。

さて、「釣れにくい」には必ず理由があります。自然相手、魚相手なので100%明確な答えはまず出ないと思いますが、釣れないというのも一つの答えだと認識するほうが、次へ次へと思考を変化させていくことが出来るようになります。常に模索を続けることでバスへの道筋が徐々に開けていくはずです。

ジャンルのパワーランク

またまた話が脱線してしましました。数あるルアージャンルの中でもクランクベイトは比較的パワーの強いジャンルに属すると思います。その理由はいたって簡単、引き抵抗が重いから。引き抵抗が重い＝多くの水を撹拌しているといえると思います。ではクランクベイトが一番強いかといわれれば、私はそうは思いません。クランクベイトよりも強いジャンル、それはチャターベイトです。

ここでハードルアーのジャンル別に整理してみましょう。

0「I字形」
1「シャッド」
2「ミノー」
3「スピナーベイト」
4「クランクベイト」
5「チャターベイト」

バイブレーションはリップレスクランクと称されるように、クランクベイトに属していると思ってもらって大丈夫かと思います。また、クランクベイトなどは2mレンジくらいまでであれだけの説明ができるわけですから、これらのジャンルすべてを網羅しようとすると、かなりの時間と労力が必要になってきます。しかしこのジャンルの把握、そしてそれぞれジャンルの中でのパワーランク別システムを構築できれば、スキのないタックルボックスが完成することでしょう。

さて、ここからはジャンルの必要性、出しどころを解説いていきます。まず、0に表記したI字形というジャンルは、皆さんもご存じのように何も水を動かさないのが特徴です。そして釣れるフィールド、全く釣れないフィールドときれいに分かれるのも特徴です。効果的なフィールドの絶対条件は、まず水深があること。理由は水が硬くないといけないからで、川や霞ヶ浦のように浅くて水が動きやすいフィールドではI字形の効果はなかなか発揮できないといっていいでしょう。イメージしてみてください、I字形で特に春のプリスポーンが浮いてくる光景を目にした方もいると思いますが、それらのフィールドはきっと基本的に水深が深く透明度の高いクリアレイクだと思います。そして春という季節は、冬からの流れで低水温だったのが徐々に水温が上がり始める時期＝水の硬さに言い換えると、「硬い水が徐々に柔らかくなる」季節とも言えます。ですから春はI字形ルアーが効果的だったり、ジャークベイトでもジャークではなくポンプリトリーブやステイ中にバイトが集中します。これを私は水が硬いからだと思っています。

逆に秋はどうでしょうか。秋は一年で最も高くなった夏の水温が徐々に下がり始める移行期です。そして秋のターンオーバー現象を迎えるのですが、ここで面白い話を一つ紹介します。Ｉ字形等の繊細なアプローチでしか反応させられない状況だったフィールド、具体例を挙げると河口湖や西湖、野尻湖などのバスがルアーに対してセレクティブになっているフィールドほど、ターンオーバー現象が始まったタイミングでガラリと反応が変わったりします。ルアーに見向きもしないどころかビビッて逃げていたバスたちが、我を忘れたようにクランクベイトやスピナーベイト、表層系のガチャガチャと派手なサウンドを奏でるビッグバドや、ポンパドールのようなうるさい羽系のルアーに派手にアタックしてくる経験を私は何度もしてきました。このようなことが起こる要因としては、やはり水質の変化がもろに影響しているように感じます。というより、そうとしか思えません。

ターンオーバー現象とバスの変化を、お風呂のたとえではなく現実のフィールドに当てはめてみましょう。夏の間中温められていた水は秋の訪れとともに水温が低下してくると、表層＝水温が低い、中層＝暖かい、底層＝低いというサンドイッチ状態になります。そこに台風などに代表される強風が吹いてフィールドの水がかき混ぜられ、その瞬間に水質が変わる＝バスの性格も変わるということです。バスから直接聞いたわけではないので絶対にそうとは言い切れませんが、私はそう思っています。

前章の「野池と琵琶湖で考えてみると」の項では、琵琶湖南湖と北湖の水質の違いについて「水深のある北湖は水が硬くスローなアプローチが軸になる」と述べました。その北湖でさえ、ターンオーバー現象が起きたり台風通過後の濁りが入ったタイミングなどでは、釣れるルアーは一変します。ストライキングの10XDやショットオーバー7といった、大きく波動のデカいルアーが劇的に効果を発揮することも一年の中では必ず訪れます。それもやはり「水質がバスの性格を一変させている」ように思えてなりません。

ターンオーバー現象が起きているフィールドは釣りやすくチャンスであることは先にも述べたとおりです。しっかりと水を観察し、それに見合ったルアーをセレクトできれば思いのほか簡単にバスは口を使ってくれるものです。極端なことを言えば水を観察するだけである程度、釣れそうなルアーのジャンルは絞れるということなのです。

北大祐流10ジャンル・パワーランクシステム

102頁からは10ジャンルに分けた私なりのパワー別ランクシステムを順不同で紹介していきます。基本的に5種類ずつルアーを紹介しているので約50通りの攻めができることになります。これらを参考にして、あなた自身の感覚によるジャンル別パワーランクシステムを、少しずつでいいですから充実させていってください。そして完成した時、それがあなたのバスフィッシングスタイルになっているはずです。

バスフィッシングの本なのに、具体的なハウツーをあまり書かずに終わってしまいそうです。「今のアングラーは情報に流されすぎてルアーフィッシングの本質を見失っているのでは」という私の不安や思いが、ついそうさせてしまいました。しかし水質理論やジャンル別ルアーシステムの構築など、限られた文字数の中で核心部を精一杯お伝えしてきたつもりです。

流行のルアーやスタイルで釣るのは楽しいですし、否定しません。逆を言えば、「ライトリグ・フィネスはしょうもないからしない！」という食わず嫌いなどはもってのほかです。どんなジャンルであれ、本質を感じ取ることが出来ればそれが新しい発見、経験となって、バスフィッシング・ライフをより豊かなものにしてくれるはずだと私は確信しています。

最高のルアー、完璧なルアーなんてものはこの世に存在しません。昨日釣れても、明日も釣れる保証なんてどこにもない。むしろ、釣れないことのほうが多い。2日連続同じ場所・同じルアーで釣れるほうが希です。釣ったバスと同じバスを追い求めるのではなく、それをしっかり観察して状況を把握し、次の新たなバスにつなげていくという意識を持つことで、どんどん自然（バス）を追いかけられるようになるでしょう。

今まで人一倍バスフィッシングに関わらせて頂いてきた者としては、まだまだその魅力を引き出せていないアングラーが多いように感じています。一人でも多くの方に「もっと深くバスフィッシングと向き合って頂きたい」という思いから、私がこれまで培ってきたノウハウや理論をこの本に託しました。あなたにとって何かのきっかけになれば幸いです。

Enjoy fishing!

①I字形（回転I字形）

数あるハードベイトのジャンル中、シャッドと並び日本で磨き上げられ構築されてきたのがこのI字形です。ノーアクション・デッドスローリトリーブというかなり特殊な使い方が基本中の基本。表層付近を一定層・一定リトリーブを続けて一段深いレンジにいるバスを浮き上がらせることが出来るのが最大の魅力。ただし、効果的なフィールド、シーズンはかなり限定的で、投じるフィールドや時期、タイミングを見誤ると全くと言っていいほど効果が発揮されないことも多々あります。そう、I字形は諸刃の剣。ハマれば他のハードベイトを圧倒できるパワーを持っていますが、ハマらなければ全く何も起こらない、なんてことはザラにあります。要するに出しどころこそがこのジャンルのルアーを投じる最も大切なキーとなります。

その出しどころですが基本的に私の水質理論上、水が硬い所と表現しているフィールドになります。まず止水。そしてクリアウォーター。さらに比較的低水温の季節。この3つの要素が当てはまるフィールド・状況では効果を発揮しやすいでしょう。逆に3つの要素が1つでも当てはまらない条件下ではI字形のパワーを体験することは難しいでしょう。

ハンクル　ジョーダン（パワー1）

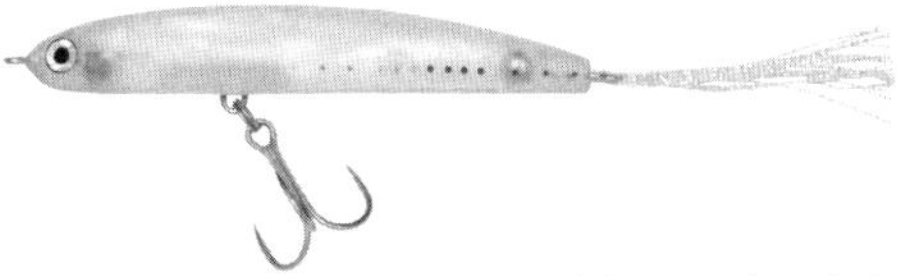

アイウェーバー（パワー2）

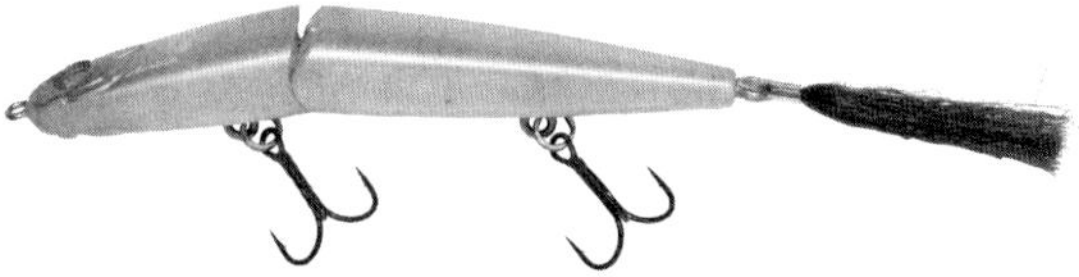

スパイテール（パワー3）

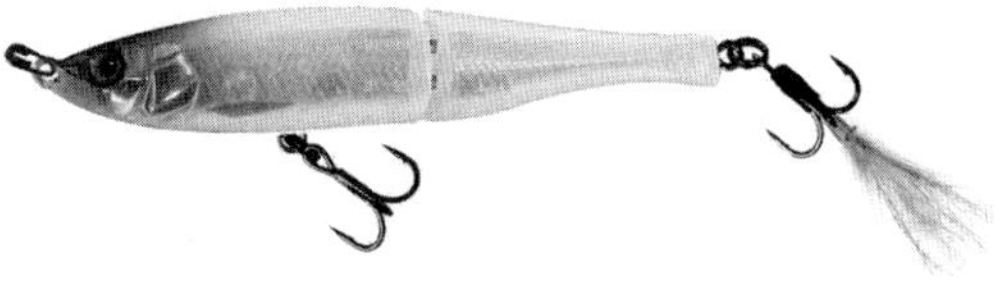

ステルスペッパー 70 S・ナチュラル（パワー4）

ステルスペッパー 70S（パワー5）

●パワー1　ハンクル　ジョーダン

全く動かない棒状の形状にティンセルが装着されたテールが特徴。デッドスローリトリーブのいわば普通のI字形アクションでも当然釣れるが、関東屈指のハイプレッシャーレイク、房総半島・亀山ダムでは「放置」がジョーダンでの定番的メソッドとなっている。極端に臆病になっているバスをも寄せるパワーは、造り手であり日本を代表するルアービルダー・泉和摩さんの世界観がベースにあるように思う。極力、水を動かさないことが狙いのジョーダンは無風時に欠かせないI字形ルアーだ。

●パワー2　アイウェーバー

ジョイントベイトとしては珍しく、左右ではなく上下にボディーを振る（揺らす）設計。わずかな水面の波や風の揺れにもボディーがしっかりと追従し、ナチュラルで柔らかいアクションでバスを浮かせられる。2フックシステムでフックアップ成功率の高さも魅力。春先・プリスポーン・そして風という要素が揃ったら投げてみてほしい。

●パワー3　スパイテール

アイウェーバーは上下方向のジョイントI字形だが、こちらは王道である横方向のジョイントベイト。そして最大の魅力は速く引けばS字形、デッドスローリトリーブではI字形とリトリーブ速度の変化でアクションを変えられる点。S字で寄せてI字で食わせる、またはI字で寄せてS字でリアクションバイトを取る、といったアクションの変化でバスにスイッチを入れることが可能。

●パワー4　ステルスペッパー70S・ナチュラル

私が2011年にプロデュースさせて頂いたルアー。オリジナルとの最大の違いは、「音の差」。ナチュラルという製品名の由来にもなっている、樹脂製プロップでプロップが回転した時のヒートンとプロップが擦れる音を排除したモデル。オリジナルのステルスペッパーで付いてくるけど、あと一歩が詰まらないという状況で使ってみてほしい。

●パワー5　ステルスペッパー70S

私が初めてプロデュースしたルアーで、今でも常にタックルボックスに忍ばせているほど愛着がある。このルアーにより「回転I字形」という言葉が生まれたように、速く巻いてもゆっくり巻いても泳ぎが破綻することなく真っすぐ、そしてI字形にトレースしてこれることが最大の強み。複雑な水流を身にまとい、シルエットをボカすことが最大の狙い。さらにはプロップとヒートンが擦れることで発する金属音、そしてプロップによるフラッシングと、ただのI字形ルアーとは一線を画するのがステルスペッパーというルアーだ。

②シャッド

I字系と同様に日本で洗練され、確立されてきたのがシャッドというジャンルでしょう。そもそも日本にシャッドはいません。恐らくラパラのシャッドラップから始まった日本のシャッド史。その名残が今なお受け継がれているジャパニーズジャンル、シャッド。

シャッドには大きく分けてタダ巻きするメソッドと、トゥイッチしてリアクション的に使うメソッドがあります。当然、状況次第でどちらもよい面、悪い面があります。そしてシャッドはハードベイトの中でも最もフィネスな存在という位置づけになります。ワームでは遅いけれど、ハードベイトでは強すぎるというコンディションが登場場面。低水温、低活性、ハイプレッシャーとバスが釣れにくい状況で輝きを放つシャッド。サイズが小さいことでどれも一緒、なんて思われがちですが、小さいからこそ繊細に気にしなければいけないことがあるのも事実。今回は関東地方でメジャーな使い方であるタダ巻きにフォーカスして1mレンジ前後を攻略出来る、私なりのシャッドのパワーランク別システムを紹介していきます。

ハードコアSH50（パワー1）

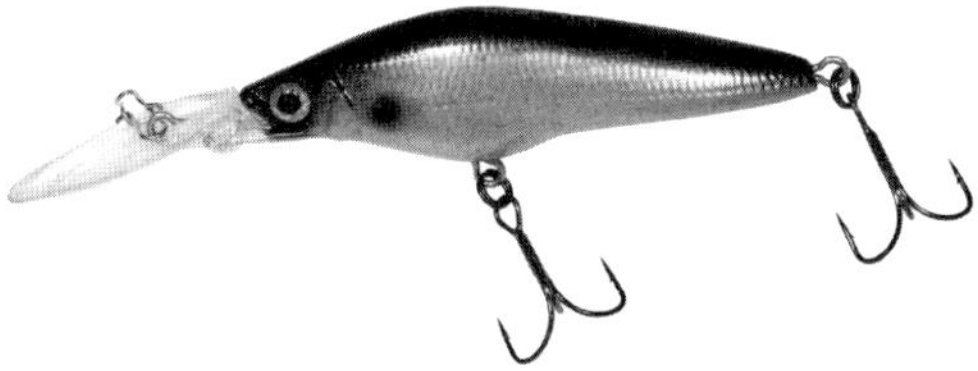

TDシャイナー（パワー2）

ベビーシャッド60（パワー3）

フローシャッド0（パワー4）

スーパースレッジ（番外編）

●パワー1　ハードコアSH50

小粒で最もタイトピッチなアクションを持ち、速く巻いてもデッドスローリトリーブでもアクションのレスポンスのよさはピカイチ。ボディーサイズも細身のため、バスがどこにどのように付いているかをイメージ出来てから投げるシャッド。要は魚を呼ぶパワーはかなり弱いのでサーチベイトとしての効果はほぼなし（笑）。またルアーウエイトがない（軽すぎる）ので飛距離も稼げないのがデメリット。私的にはライトリグ一歩手前のハードベイト。

●パワー2　TDシャイナー

ハードコアSH50よりも少しボリュームアップした感じのシャッド。発売以来、霞ヶ浦水系の低水温時期にはコアなアングラーほどボックスに忍ばせている。側面がややフラットサイド気味のボディー形状で、弱いアクションでもバスを寄せる力がある。速巻きは不得意だが、低活性・低水温・コールドフロントでは必要になってくるルアー。

●パワー3　ベビーシャッド60

日本のシャッド史に最も貢献してきたのではと思ってしまうほど、発売以来未だ色褪《あ》せることなく釣れ続いているシャッド。TDシャイナーよりもキビキビしたアクションで、速巻きでもデッドスロー巻きでもバランスを崩すことなく、思い描いたトレースコースをキッチリと泳いで来てくれるのが最大の魅力。丸っこいボディー&細身のシェイプで、デカバスから小バスまでサイズを選ばないことも長年支持されている要因だろうか。困った時はとりあえずベビーシャッドで決まり。

●パワー4　フローシャッド0

フローティング仕様による水押しで小さなシャッドながらバスを呼べるのが魅力。フローティングなので根掛かりを恐れず、何かにコンタクトしても浮力を生かして根掛かりを回避出来るのはボートアングラーのみならず、オカッパリアングラーにも嬉しい要素。クランキンシャッドという位置付けで、シャッドでバスを探す時に重宝する。

●番外編　スーパースレッジ

スローリトリーブ〜ファストリトリーブまで巻くことが出来るが、スーパースレッジの最大の見せ場はなんといっても「トゥイッチ」。軽くトゥイッチすることで左右に瞬間移動のごとく、キレッキレのダートでバスに口を使わせてしまう。巻いて反応が得られない場合、リアクション要素が欲しい状況、ベイトフィッシュを積極的に追っていてバスに考えさせる前にリアクションでスイッチを入れられるのが最大の魅力。巻いてダメな時に登場させてみてほしい。

③チャターベイト

数あるハードベイトの中でも、私的には最も水押しパワーが強いのがこのジャンルです。巻いてみて誰もが思う引き抵抗の強さは他のハードベイトには真似の出来ない特徴であり、「バスをおびき寄せるパワー」「バスを浮かせるパワー」が最も強いのがチャターベイト。形状的に似ているが故によくスピナーベイトと比べられることが多いですが、スピナーベイトがどんな状況でも80点をコンスタントに出せるアベレージヒッターだとすれば、チャターベイトは当たればホームランのパワーヒッター。チャターベイトでハマる状況に出くわすと、他のハードベイトでは到底勝つことはできない場面が多々あります。

チャターベイトにとって最も特徴的なことは、シャローウォーターでしか生きないルアーであるということ。深いレンジでも釣れないとは言いませんが、チャターベイトが本来持つポテンシャルを最大限に引き出すには、シャローウォーター以外ありません。これは私の水質理論上当然のことであり、水面近くのほうが水は軟らかく、深いレンジに行けば行くほど水は硬くなるために起こっていることだと思います。ですから、チャターベイトを選ぶ際はシャローウォーターが基準となりますのでご注意を。

ブレードジグ（パワー1）

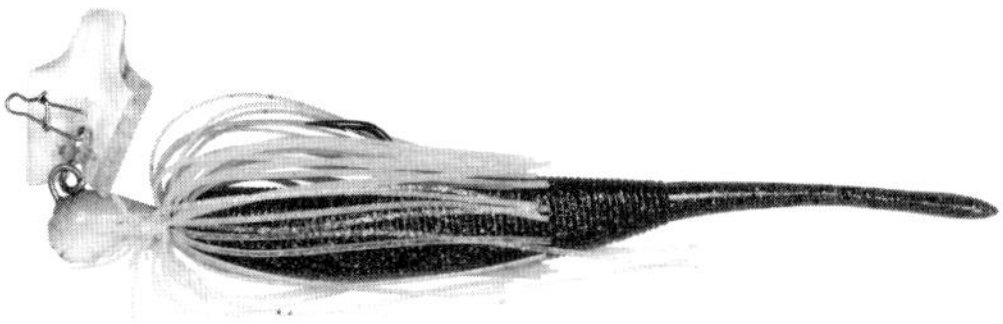

ブレイクブレード WS（パワー2）

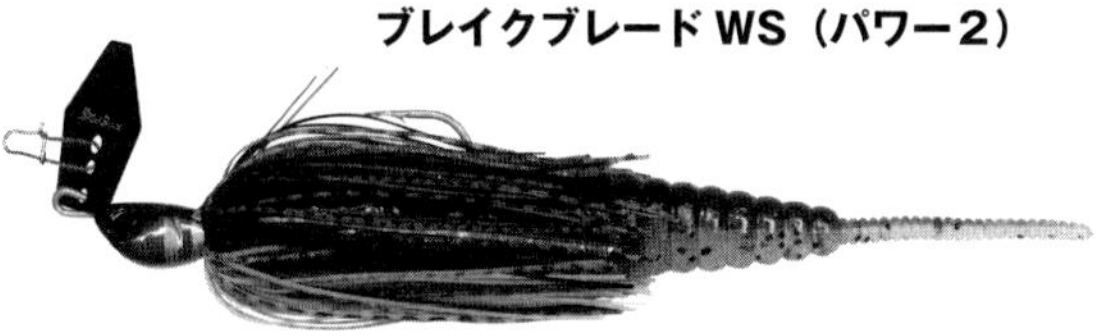

ジャックハンマー（パワー3）

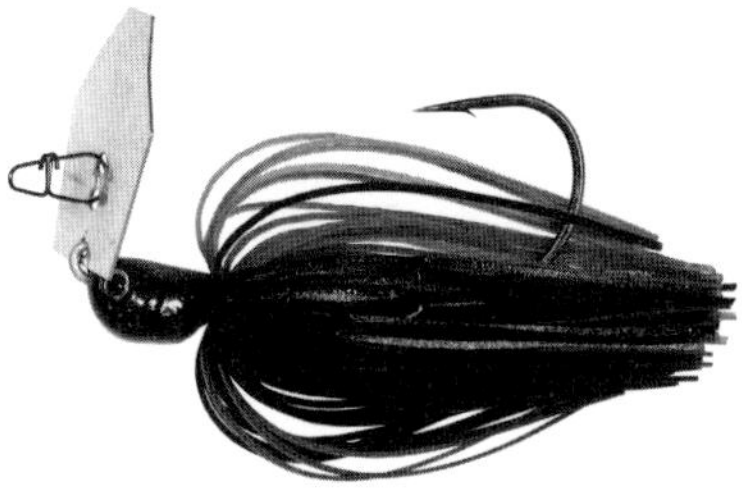

Bカスタムチャター（パワー4）

モグラチャター（番外編）

●パワー1　ブレードジグ

チャターベイトでは珍しくプラッチック製ブレードが搭載されたモデル。またブレードの振り幅が狭くなるようにセッティングされているため、細かいタイトピッチアクションが特徴で、やや深いレンジを巻く時や高速リトリーブなど、気付かせて食わせるのではなく、追わせて食わせるタイプ。感覚的にはスピナーベイトに似たような感覚で使えるので、チャターベイトにまだ自信がない人はこのブレードジグからチャターベイトを学んでいくことをオススメする。

●パワー2　ブレイクブレードWS

ＴＯＰ50ウイニングルアーになったことから命名されたブレイクブレードＷＳ。その優勝は片岡壮士プロによるもので、彼のチャターベイトスタイルは何といっても高速リトリーブ。速く巻いてもチドラないハイピッチ&高速スピードでバスにスイッチを入れ、追わせて食わせるスタイル。水面下50㎝ほどが最も活躍する。とにかく、バスを早く探すにはこれ以上のチャターベイトはないといっても過言ではないはず。

●パワー3　ジャックハンマー

大きめのブレードとフックが搭載されており、チャターベイトらしいパワフルな水押しによるアピール力でバスを遠くから寄せることができる。濁り、流れ、強風による底荒れ等、カバー周り、そしてシャローというキーワードが揃った時が出番。一回り大きなフックなので、琵琶湖のようなビッグバスレイクにももってこい。

●パワー4　Bカスタムチャター

ジャックハンマー同様、大きめのブレードに大きめのフックが装備されている。ジャックハンマーとの違いは、ブレードが、左右に振った時にアイ付近の金属パーツに接触すると音が発生し、パワフルな振動と金属音で離れたスポットにいるバスにもアピール出来るパワーを備えている点。やはり濁り、流れ、荒れた後、カバー周り、そしてシャローという条件が揃った状況ではぜひ投げてみてほしい。

●番外編　モグラチャター

チャターベイトの中では異色の存在。ブレードの根っこの部分がアイの丸いワイヤーに不規則に当たることで予測不能な「チドリアクション」が発生するシステムを搭載。比較的透明度の高いフィールドでチャターベイトが効く場合に、リアクションバイト狙いで登場させたいのがコレ。セッティングがシビアな点、高速リトリーブに対応できないのが難点だが、ハマった状況では他のチャターベイトを圧倒することもあるので要注意。

④シャロークランク

バスフィッシングの中でも最も種類やバリエーションが多いと思われ、本当にさまざまなタイプが存在しますが、基本的には巻けば潜り、止めれば浮くのがクランクベイト。あらゆるメーカーから製品が発売され、市場的にも激戦区ど真ん中のジャンルです。5g以下のタイニークランクと呼ばれるものもあれば、私が2017年「Basser オールスタークラシック」優勝を決めたRC2・5のようなフルサイズクランク、さらにはラウンドボディーからフラットサイドのものまであって、潜る姿勢、潜行角、アクションの強さ&弱さ、無限といっていいほどバリエーションが豊富です。

クランクベイトはその愛くるしい見た目からは想像もつかないほどの爆発力を秘めており、決して侮れません。ここでは1・5mまでの俗に言うシャロークランクについて私なりのパワーランク別解説をしていこうと思います。といってもたったの5種類ですが……。それでは1・5mレンジに的を絞り、ミドルサイズのクランクベイトを紹介していきます。あなたもさまざまなタイプを使ってシステムを構築していきましょう。

ワイルドハンチ（パワー1）

ラパラ　DT6（パワー2）

バンディット 200（パワー3）

バレットヘッド DD（パワー4）

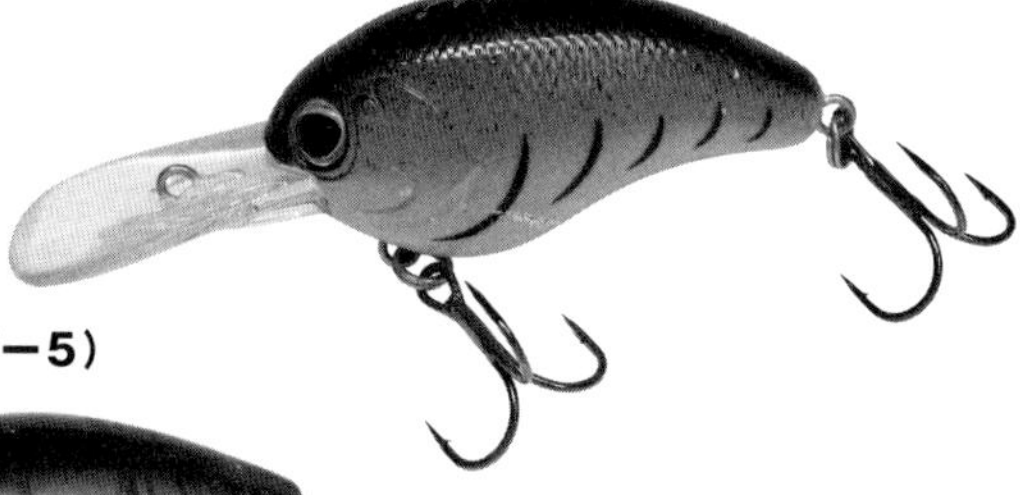

ウィグルワート（パワー5）

●パワー1　ワイルドハンチ

２０１６年の30周年記念大会となった「Basser オールスタークラシック」。初優勝への道筋を照らしてくれたのがこのワイルドハンチだった。泳ぐ姿勢は水平気味で、私はシャッドのクランクベイト版に位置付けしている。また、速く巻いてもゆっくり巻いてもバランスを崩すことなく泳いで来てくれるため、速巻きリアクションも効果的。オールスターではこの速巻きリアクションですべて外掛かりという紙一重のバイトもモノにできた信頼できるクランクベイト。

●パワー2　ラパラ　DT6

フラットサイド気味のボディー形状とスプーン型のリップにより、タイトロール系アクションだがフラット面があるため、弱いアクションでもバスを寄せるパワーを持っているクランク。こちらも速く巻いてもゆっくり巻いてもしっかりと水をつかんでまっすぐ泳ぐ優等生。ボトムノックではなく中層巻きでとくに威力を発揮する。

●パワー3　バンディット200

最近はめっきり売っているのを見かけなくなってしまったが、「１・５ｍランナーを１つだけ選べ」と言われたら間違いなくこのクランクベイトを私は選ぶ。中層巻き良し、ボトムノック良しのクランクベイトらしいクランクベイトがコレ。ステインウォーター〜マッディーウォーターで幅広く使え、根掛かり回避能力の高さも魅力的。

●パワー4　バレットヘッドDD

日本製クランクベイトの中ではかなり強い位置付けとなる。しっかりと水をつかんでパワフルに泳ぐため、速巻きは少し苦手となるものの、魚を探す、呼ぶ、そしてリアクションバイトを誘発するといったクランクベイトの真髄を突くルアー。使いやすく投げやすいため、クランクベイトが苦手な方はコレからマスターすることをオススメしたい。

●パワー5　ウィグルワート

かわいい見た目とは裏腹な爆発力から、経験者は必ずボックスに忍ばせている。バンディット200同様、発売されて何十年も経つ世界的なロングセラー。急潜行型クランクベイトの代表格であり、バタバタとパワフルな泳ぎ、予測不能・不規則なチドリ系アクションが持ち味。大雨・台風・大荒れ・濁り発生といったフィールドが極端に変化した状況でそのパワーは最も発揮される。1つは常備しておくことを自信を持ってオススメする。

⑤ディープクランク

水深の深いレンジをスピーディーに、そして確実に探ることが出来るのがディープクランクというジャンル。ここでは主に琵琶湖・南湖のディープクランキングについて解説していきます。南湖の平均水深はだいたい3・5m。そのため、一年を通して3～3・5mダイバーのディープクランクが必要になってくる状況が、必ずといっていいほどよくあります。特に南湖は南北に長い地形であるが故に、北風または南風が吹くと風が湖面を吹き抜けてしまい、スローな釣りではなく、風を利用して広大なウイードフラットからスピーディーにバスを探していくディープクランキングが最も効率よく探れるパターンとなる場合が多くなります。

対ウイードということもあり、泳ぎの姿勢や潜行角度、泳ぎの質などが重要になってきます。以下、南湖の広大なウイードフラットで使える私なりのパワークランク別システムクランキングについて紹介します。

ミッドナイト 12

ファットペッパー

コンバットクランク 320

ディープ X300

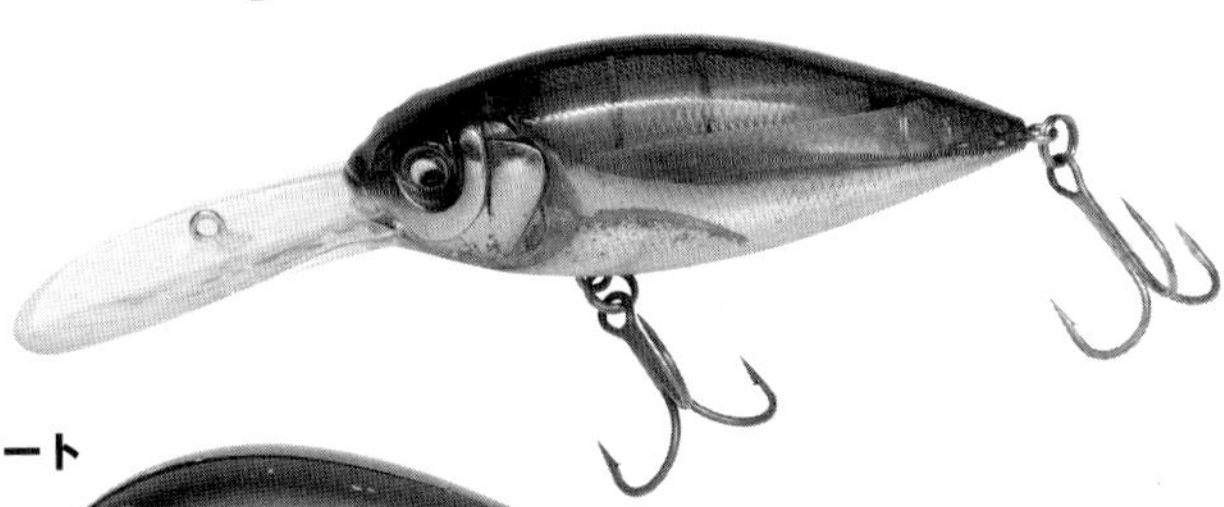

マグナムワート

●パワー1　ミッドナイト12

シャッド的なタイトなアクションが持ち味。ハンドメイドのため入手しづらいのが難点だが、作りの完成度はハンドメイドとは思えないほどの仕上がり。バルサ素材ならではの浮力からくるレスポンスの高いキビキビ・パタパタとしたアクションで速巻き〜スローリトリーブまで幅広く対応する。ベイトフィッシュを追っている状況や、比較的透明度が高くニュートラル状態のバスに速巻きでスイッチを入れるなどの使い方が出来る。

●パワー2　ファットペッパー

発売から20年以上という月日が流れても未だにその輝きが褪せることのないジャパニーズ・ディープダイバー。こちらもミッドナイト12同様、速巻き〜スローリトリーブまで幅広く対応。日本の水質にマッチしたタイトなアクションと、シャッドのようなスイム姿勢なので、活性が落ちやすいターンオーバー時やコールドフロントの状況でテールフック外掛かりというきわどいバイトもモノにできる。ベイトフィッシュを追っている状況〜ステインウォーターでの速巻きリアクションやボトムノックも得意とする優等生。

●パワー3　コンバットクランク320

コフィンリップ搭載によりファットペッパーよりも若干パワーがある中間的位置付けのルアー。泳ぎ姿勢もシャッド寄りで南湖のディープクランキングでは中心的な存在。バスを呼ぶパワーと食わせるパワーのバランスが取れていて何かと便利なクランクベイト。小粒なボディーサイズの割に安定した飛行姿勢で飛距離が稼げるのも特徴。一年を通して持っておきたい。

●パワー4　ディープX300

発売以来その高い性能で多くの琵琶湖アングラーに支持され続けている。しっかり泳ぐことは当然として、特筆すべきは最大限にメインウエイトが可動する重心移動システムによる圧倒的な飛距離。そして潜行中は強いウォブル中心で潜行角が変わるポイントでメインウエイトが後ろにスライドし、アクションがタイトに変わる点が最大の魅力。速巻きよし、リアクションバイトよし、濁ってもよしと、よいこと尽くめのディープダイバー。

●パワー5　マグナムワート

春の嵐、秋の台風シーズン、大荒れ、大雨になりやすい時期、極端にフィールドが変化したタイミングで活躍する。パワフルすぎるほどのワイドアクションで濁った状況、水が大きく変化した状況の中からバスを引きずり出すことができるパワーを持っている。パワフルゆえに速巻きは不得意だが、急潜行も得意で素早くねらったレンジへと到達させることが可能。もちろん、ボトムノック等の「当てる食わす」「叩いて呼ぶ」アクションでは、右に出るディープダイバーは皆無。

⑥スピナーベイト

私に初めてのバスとの出会いをもたらしてくれたスピナーベイトは、バスフィッシングにしか存在しないルアージャンルです。そのよさは、何といっても引っ掛かりにくいこと。極端な言い方ですがどのレンジも攻めることが出来る。速く巻くこともゆっくり巻くことも可能。そして捕食からリアクションのバイトまで、さまざまなモードのバスを引っ張り出せることに尽きます。

スピナーベイトは数多くのパーツから成り立つ集合体ルアーです。ワイヤー、ヘッド、スカート、フック、そしてスピナーベイトの性格を決定付けるブレード。このブレードのタイプや組み合わせによって性格がガラッと変わります。II章でも述べましたが、ブレードは丸っこい形でブルンブルンと激しいバイブレーションを生むコロラド、細長い葉の形で高回転・弱いバイブレーションを生むウイローリーフ、2つの中間的なインディアナと、大きく分けて3種類があります。スピナーベイト選びにはブレードコンビネーションが最も重要な要素となります。ここでは今の日本市場で最もポピュラーな3/8OZというウエイトに的を絞って解説していきます。

ジンクスミニ　スーパーブレード（パワー1）

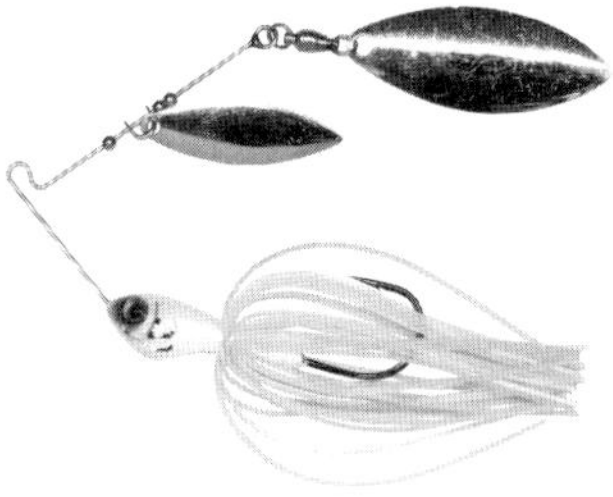

ハイピッチャー（パワー2）

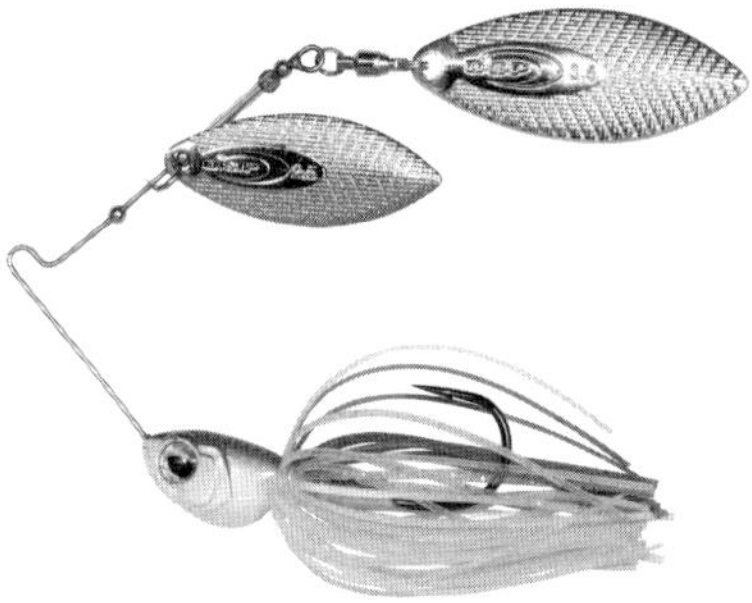

Dゾーン（パワー3）

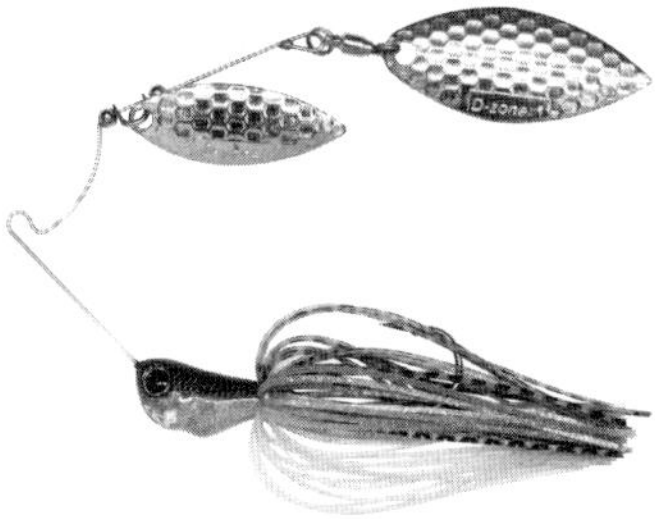

クリスタルS（パワー4）

シャロードロール（パワー5）

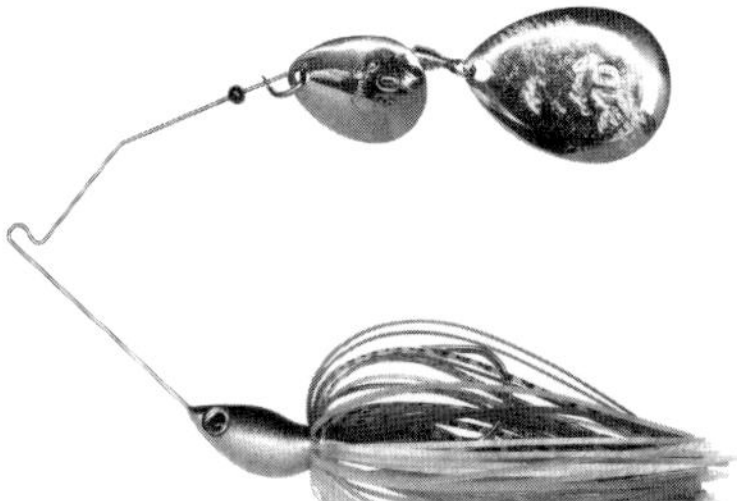

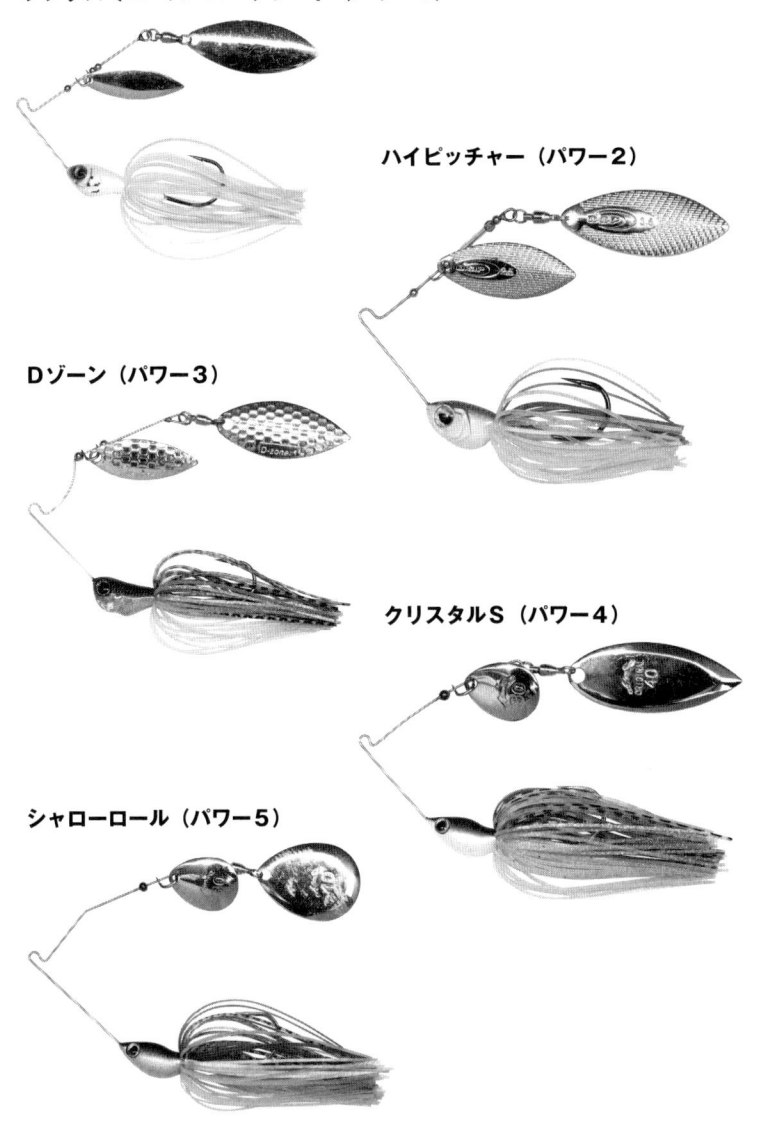

●パワー1　ジンクスミニ　スーパーブレード

このスピナーベイトの特徴はなんといっても極薄ブレードが搭載されていること。その極薄ブレードによる高回転でマイルドな巻き心地は、食い渋った時、スローロールによるリアクションでしか食わせられない時に力を発揮する。速く巻いて追わせて食わせることとスローロールの両立に最も長けているスピナーベイトといえるだろう。ただ、バイブレーションが弱いが故に「探す」能力が低いのが弱点。バスの居場所がある程度把握できてから投げたいスピナーベイト。

●パワー2　ハイピッチャー

「Basser オールスタークラシック」で私が2連覇した時の立役者がこのハイピッチャー。コンパクト設計でありながらほどよいバイブレーションを生み、シャロー~ミドルレンジ(2・5mくらいまで)を使い手のイメージどおりに的確にトレースしてこれることが最大の魅力。カラーやウエイトも豊富にラインナップされており、入手しやすいことも魅力。ダブルウイロー、タンデムウイローともに優等生スピナーベイト。

●パワー3　Dゾーン

発売以来何年の月日が経ったのだろう、未だ色褪せない人気と実績を併せ持っている。ハイピッチャーよりも強めのバイブレーションを生むブレード設計だが、一番の特徴である細いワイヤーでバイブレーションを相殺することでマイルドに綺麗にトレースしてこれる。釣れやすいが破断しやすいというレーシングマシン的な側面も持つ。

●パワー4　クリスタルS

ザ・スピナーベイトともいえるようなバランスの取れたルアー。しっかりとしたワイヤー径。強いバイブレーションを生むリアのウイローリーフブレード。スタンダードなタンデムウイロータイプで日本全国、だいたいどこへ行っても使える万能選手。どれを投げようか迷った時は、クリスタルSから投入することをオススメしたい。

●パワー5　シャローロール

クリスタルS同様、ノリーズからランクインしたのがパワー5のシャローロール。今の日本のスピナーベイト市場には珍しいダブルコロラドという、コロラドブレードのコンビネーションが採用されている。当然、引き抵抗は重く、名前どおりにシャローでの出番が多くなる。シャローカバーやストラクチャー周りからバスを引き出せるパワーを持っているため、濁った状況や流れが出たタイミング、嵐の後など、フィールドが大きく変化するタイミングが出番となる。

⑦ジャークベイト

もしかしたら最も小魚（ベイトフィッシュ）に似せたルアーであるのでは？ と思うくらい小魚をイミテートしたシルエットが特徴なのがジャークベイトです。5～13㎝とさまざまなサイズがあり、マッチザベイトと思ってしまいがちですが、私の考え方では「サイズ＝パワー」です。

サスペンド仕様、フローティング仕様というのがバスでは王道ですが、フォルム形状やアクションの差はもちろん、ストップ時の姿勢まで考慮するとさまざまなタイプのジャークベイトがあります。また日本ではフラットサイドのジャークベイトが定番となっていることが多く、フラットサイドというキーワードは避けられないでしょう。そしてサスペンドモデルほどフラットサイドのジャークベイトというのが顕著に現われるように思います。したがって今の国内市場でポピュラーな１１０㎜サイズ・サスペンド仕様に的を絞って私なりのパワーランク別解説を行ないたいと思いますが、基準として「サスペンド↓フローティング↓ハイフロート」というパワー順になるので、皆さんもジャークベイトのシステムの構築の参考にしてみてください。

ポーカーフェイク 4.5

ヴァルナ 110

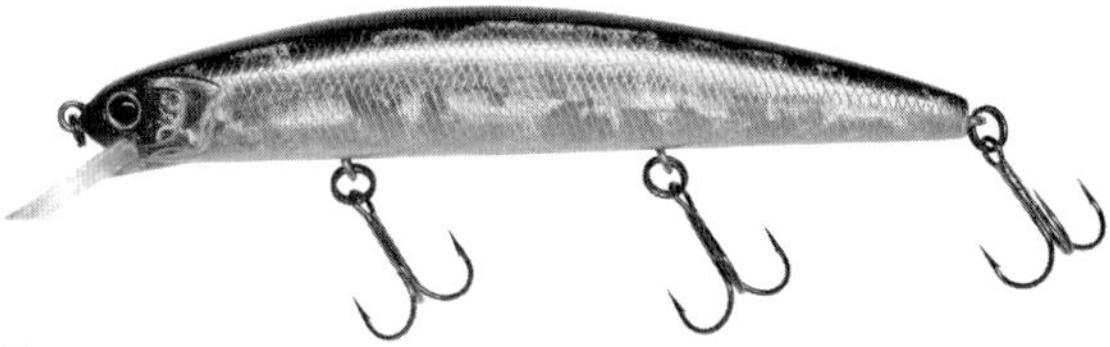

ビジョン・ワンテン

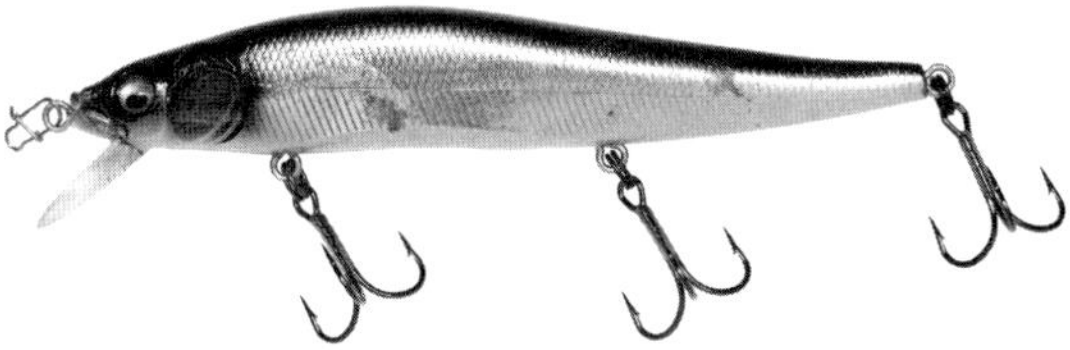

スレンダーポインター 112MR

サイドステップ（サスペンドチューン）

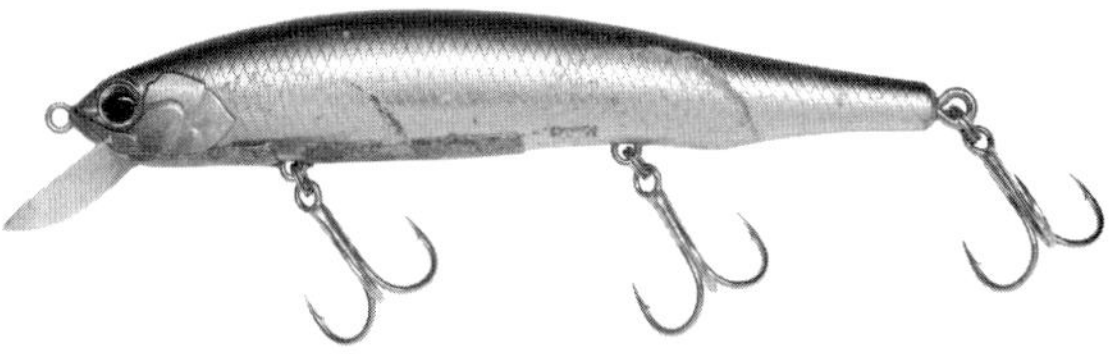

●パワー1　ポーカーフェイク4・5

クオリティーの高いウッド製クランクで知られる「モリケンスピードバイト」のジャークベイト。ハイピッチなロールアクションでシルエットをぼかしてバスにスイッチをいれることが出来るのが魅力。基本操作はタダ巻き〜弱めのトゥイッチ。ダートでも普通に釣れるが、ポーカーフェイクが最も威力を発揮するのは間違いなく高速リトリーブでバスにスイッチを入れられた時。難点は入手困難なこと。

●パワー2　ヴァルナ110

ジャパニーズビッグミノーの先駆け的存在であるルドラのダウンサイジングモデル。ルドラのよさをいい塩梅で継承している。パワー1のポーカーフェイク同様、速巻きやデッドスロー巻き、ポンプリトリーブやストップ&ゴーなど直線的な使い方で威力を発揮する。ポーカーフェイクとの違いはフラットサイドであること。ストップ時にバスを寄せるパワーは、このフラットサイドの「面」が水を押しているからのように感じている。止めていてもバスを呼べるジャークベイト。

●パワー3　ビジョン・ワンテン

日本はもちろん、バスフィッシングの本場であるアメリカでも人気のジャークベイト。巻いてよし、トゥイッチしてよし、ジャークしてよし、そして止めてよしと、大変バランスがよく取れたルアーだ。フラットサイドでありながら細身のボディーでバスを寄せるパワーと食わせる能力が高次元で両立できている優等生。頭下がり姿勢は泳ぎだしのレスポンスのよさにも繋がっている。

●パワー4　スレンダーポインター112MR

隠れた名品、スレンダー112MR。ボディーにフラット面はないものの、アクションの質はジャークベイトにしては強め。ブルブル〜ピタッ！　としっかり止まるブレーキ力と、狭いスペースでの使いやすさが魅力。ステイで寄せるのではなく、ジャーク後のステイでシルエットを隠すイメージで使うことが多い。トゥイッチ〜ハードジャークでバスに気づかせてスイッチを入れるタイプだ。

●パワー5　サイドステップ（サスペンドチューン）

本来はハイフロートモデルで発売され、通称「ウキウキパターン」で使うことを想定されていると思われるサイドステップ。最大の魅力は「ブレーキ力」。狭い範囲で名前のとおり左右にきれいなダートアクションを演出しやすい。これに板オモリなどを用いてサスペンド仕様で使うと、狭い範囲からバスを誘き出すパワーを持った強いジャークベイトになる。基本、ハードジャークで使い、バスにスイッチをいれてリアクションで食わせることが多い。

⑧スイミングジグ（琵琶湖スペック）

泳がせるラバージグとして近年定番化したスイムジグの釣り。ワームを泳がせる釣りとしてはテキサスリグにカーリーテールワームをセットして巻く、いわゆる「マキマキ」の強いバージョンといったところでしょうか。私はスピナーベイトとマキマキの中間的な釣りとして捉えています。基本的に大型のシャッドテールワームをセットして巻くわけですが、小細工は一切なし。一定リトリーブスピードで追わせて食わせることを意識するのが大切です。シャッドテールのテール部分のアクションがバラつかないように心がけましょう。また引き抵抗が弱く「釣ってる感」がないから苦手という方も少なくないでしょう。

注意点は、リールのギア比を上げないこと。速く巻きすぎている場合、まずは浅いレンジで軽めのウエイトで身体を慣らしていきましょう。苦手な人は水深約1ｍで7ｇのジグを使い、ショートディスタンスで見ながら泳がせることからスタートしましょう。そこから徐々にレンジを深く、ウエイトを重くしていくとよいでしょう。琵琶湖発祥の釣りですが、今では全国各地で釣れているスイムジグの釣り。スイムジグでしか釣れない魚は確実にいますのでぜひともチャレンジしてみてください。

バレッジスイマー

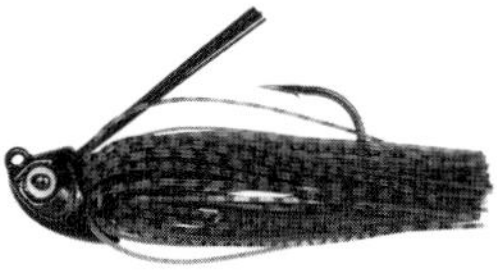

スイミングマスター

ワンナップシャッド５（パワー１）

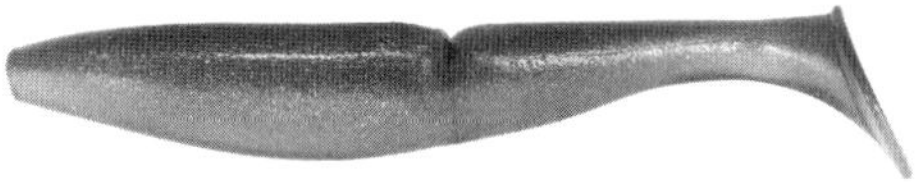

ドライブシャッド 4.5（パワー２）

スタッガーオリジナル５（パワー３）

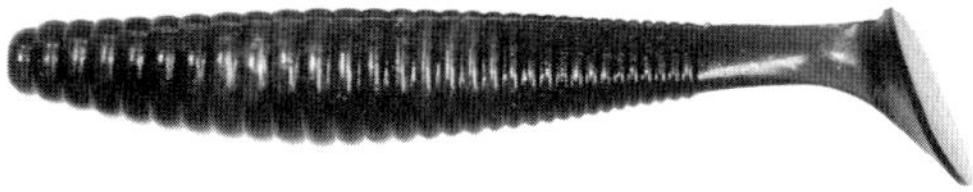

スイングインパクト　ファット 4.8（パワー４）

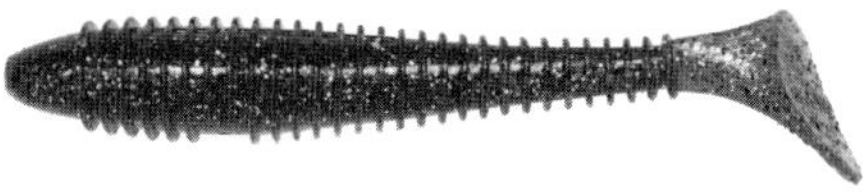

パワーウィグラー（パワー５）

【オススメのジグは2種類】霞ヶ浦のようなシャローカバーまたはシャローレンジがメインとなるフィールドでは、根掛かりの少ないすり抜け重視タイプの「バレッジスイマー」を、琵琶湖のようなウイードフラットや深いレンジで一定層を巻くには「スイミングマスター」を選ぶようにしている。

●パワー1　ワンナップシャッド5

大型シャッドテールワームの先駆け的存在であるスタッガーと共に、古くから支持され続けているワンナップシャッド。ここで挙げるシャッドテールワームの中では最も弱い1パワー。透明度の高いフィールドやプレッシャーのかかったフィールド、それにバスがセレクティブな状況ほどそのポテンシャルを発揮する。パワーが弱いため、バスを探す力は劣るが食わせる能力は高いのが魅力。

●パワー2　ドライブシャッド4・5

OSPドライブシリーズの名に相応しいムラのないしっかりと水をつかむシャッドテール。ワンナップシャッドよりも少し強い位置付け。軽いウエイトから重いウエイトまで幅広い対応能力も魅力で、琵琶湖のみならず全国的にどこでも無難に使える頼もしい存在。極軽ジグやノーシンカーでも安定して使えるシャッドテールワーム。

●パワー3　スタッガーオリジナル5

大型シャッドテールワームの元祖といっていいのがこのスタッガー。発売以来釣れ続く優等生。ロールとウォブルの比率がちょうど半々といった感じの絶妙なバランス設計。5ランク中、真ん中のパワー3。とりあえず、最初のスイムジグチャレンジにはコレがオススメ。サイズバリエーションも豊富。

●パワー4　スイングインパクト　ファット4・8

今や日本国内はもちろん、海外でも絶大な人気を誇るケイテックのシャッドテールワーム。おそらく琵琶湖で最も投げられているスイムジグトレーラーではないだろうか。ロールの動きはほぼなく、テールを横振りするパワフルな動きが持ち味。強いアクションでも安定した泳ぎが最大の魅力。

●パワー5　パワーウィグラー

他を圧倒する存在感とボリューム。スローリトリーブや軽いジグとの相性はよくないものの、パワフルなアクションが最大の魅力で濁りや底荒れ、とにかくバスに気がついてもらいたい時にセレクトしたい。また、ビッグフィッシュキラーでもある。スイムジグの釣りでは最も強いトレーラーとなるのがコレ。

⑨巻き系トップウォーター（プロップベイト系・ノイジー系）

トップウォーターでも私のパワーランク別システムの構築が可能です。ただし、ポッパーやペンシルベイトのようなストップ＆ゴーや、トゥイッチングみたいなルアーにクイックなアクションを付けてリアクション気味に釣るスタイルではなく、基本的に巻きっぱなし系のトップウォーターでのシステムになりますのでご注意ください。

巻きっぱなし系トップウォーターということで、具体的にはプロップベイト系、ノイジー系、そして羽根モノ系と大きく分けて3タイプになります（今回、バズベイトは除きます）。このジャンルの最大のキモは、「とにかく同じペースで巻き続けられるかどうか」にすべてがかかっているといっても過言ではありません。バスにとって水面はベイトフィッシュを捕食する時に使うフィーディングの場になるとともに、鳥などの外敵から襲われる危険もあります。ルアーにアタックしてくるバスは命懸けとなり、より本能を刺激し続ける正確なアプローチが必須となります。繰り返しになりますが、とにかく一定リトリーブが最大のポイントです。それが速くてもゆっくりでもです。ここではプロップベイト系3種、ノイジー系3種を紹介します。

【プロップベイト系】

ビハドウ（パワー1）

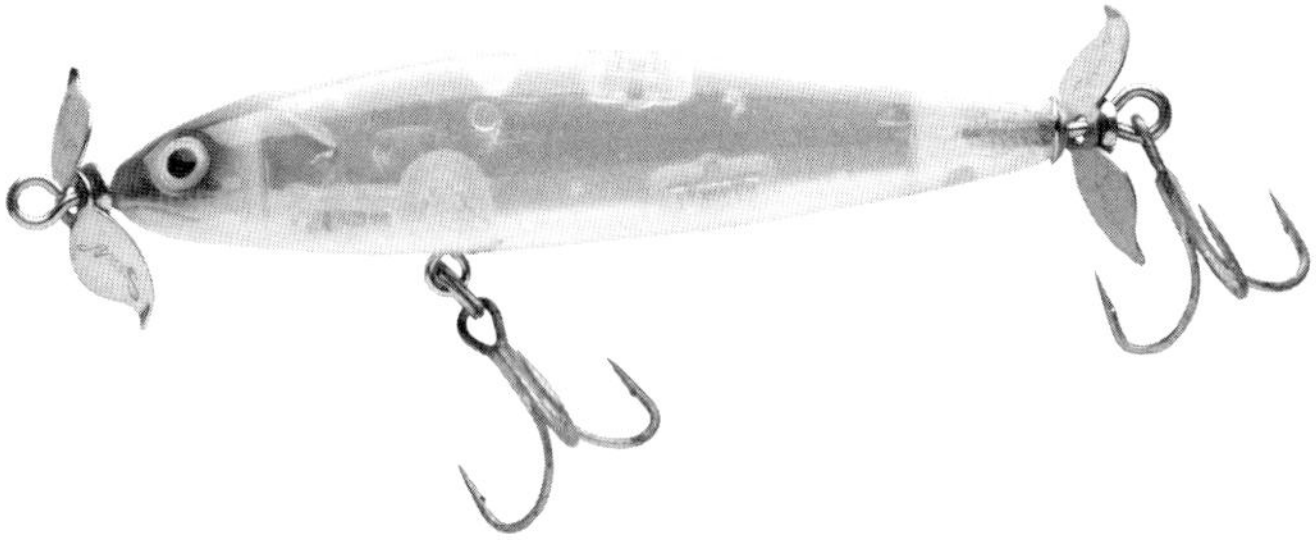

セビレ（パワー2）

プロップペッパー（パワー3）

【ノイジー系】

ダイバジン（パワー1）

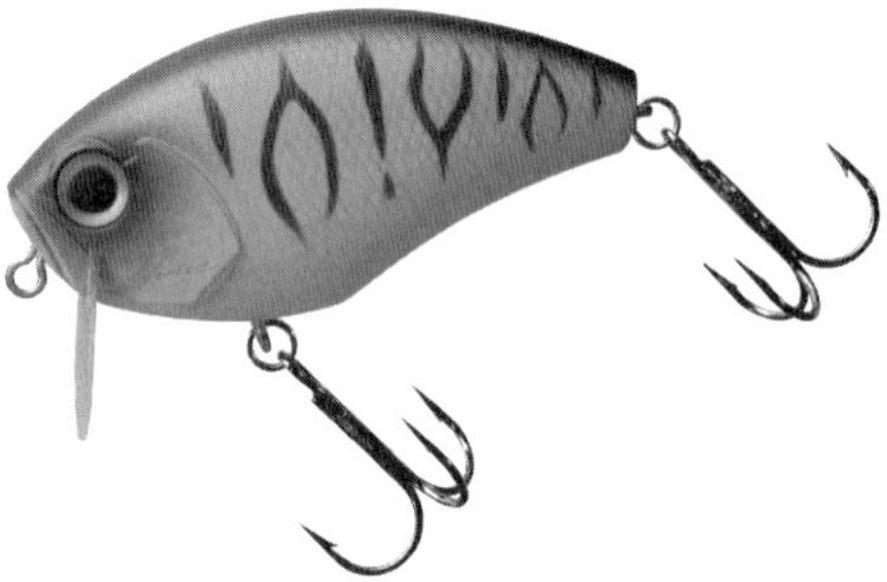

レッドカブ（パワー2）

ビッグバド（パワー3）

【プロップベイト系】

●パワー1　ビハドウ

見た目は普通のダブルスイッシャー系ルアーであるノリーズのビハドウ。しかし、泳がせてみるとI字形ルアーのような動かないボディーに、ボディーサイズには見合わない小さめなプロップを搭載されている。トップウォータープラグではあるものの、I字形ルアーのジャンルに入れてもよいような存在。水面が穏やかな状況、ルアーに対してセレクティブな状況、他の水面系ルアーを追ってくるけどチェイス止まりという状況で投じたいルアー。

●パワー2　セビレ

コンセプトはビハドウと似ているものの、プロップのサイズは一回り大きい。ビハドウ同様、I字形ルアーといってもよいくらいボディーが動かないことが特徴。厚めの金属プロップとヒートンが擦れて発生する金属音は、見た目以上にバスを寄せるパワーを持っており、想像もつかないくらいの集魚力が魅力。クリアウォーター～ステインウォーターで効果的。

●パワー3　プロップペッパー

発売以来、密かにコアなアングラーから支持され続けている。独特のプロップ形状により、プロップが回ることで発生するクリック音がバスを寄せる。ビハドウやセビレとは違ってバスにスイッチを入れることが出来る。威嚇、捕食、リアクションと巻きっぱなし系ダブルスイッシャーでは珍しくいろんな状態のバスにも対応出来る食わせ能力がある。

【ノイジー系】

●パワー1　ダイバジン

サーフェイスクランクベイトの代表格であるバジンクランクのラージサイズ版。形状はクランクベイトだが、潜らないため、クランクベイトのようなボトムノックや中層速巻きは出来ない。水面～水面直下で使うルアーであり、デッドスローリトリーブから速巻きまで対応し、クランクならではの丸っこいボディーでサイズの割に水を押さないのが特徴。アクションのピッチが細かいので岸際ぎりぎりから勝負出来る。

●パワー2　レッドカブ

モンキーブレインのレッドカブは、これまたコアなアングラーのボックスに密かに入っている隠れた名品。ロール系メインのアクションに、レッドカブ最大の特徴でもあるテールに付いた大きなウィローリーフブレードのユラメキでバスにアピールするのが特徴。見た目的に怒らせ系と思われがちなシルエットとは裏腹に、ナチュラルな食わせ能力が魅力。ゆっくり巻いて追わせて食わせることができる。

●パワー3　ビッグバド

見た目からは想像もつかないほどの破壊力を備えた、ノイジー系ルアーの代表格的存在。発売されて20年ほどたった今もなお色褪せることのない唯一無二の存在。激しい水押しとブレードがボディーに当たって発生する強烈な金属音で、バスを遠くからでも寄せるパワーを持っている。ラージマウス専用と思われがちだが、スモールマウスの聖地である野尻湖や桧原湖でも実績は高い。水深10ｍレンジでも水面を割らせるパワーがある。

⑩バイブレーション

数あるハードベイトのジャンルの中でも、私自身が最も遠くからバスを呼べる、バスを探せるルアーだと思っているのがこのバイブレーションです。水押しの強いスピナーベイトやクランクベイト、それにチャターベイトはバスの近くに投げるルアーです。スローローリングやカバークランキングといったテクニックは結局、「バスの鼻先にルアーを送り届けるアプローチ」です。それに対して、バイブレーションではバスがどこにいるのか分からない時が最も活躍するルアーであり、遠くからバスを呼ぶことができます。

バイブレーションはバスの本能を刺激できるルアーでもあり、ジャラジャラと激しく、うるさいサウンドのルアーに対して猛烈な速度でアタックしてくる場面を私は数多く経験してきました。それはもうエサと間違えて食っているという感じではなく、ルアーをルアーとして見て、ルアーにイラツイて!? 怒って!? アタックしているようにしか思えません。速く、広く、そして効率よくバスの本能を刺激して釣れるのがバイブレーションというルアージャンルなのです。

TD プロズ（パワー1）

TN70（パワー2）

ブザービーター TG（パワー3）

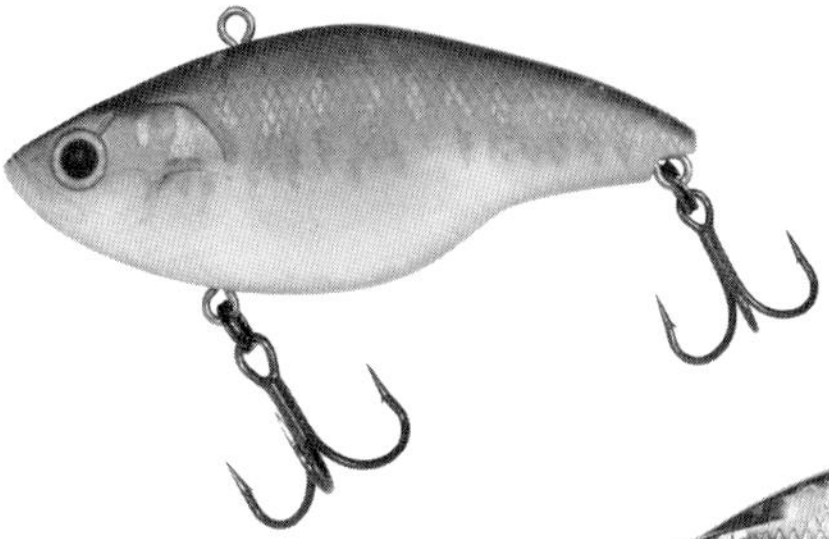

ジータ（パワー4）

LV-GP500

●パワー1　TDプロズ

ジャッカルとダイワのコラボレーションで生まれたルアー。伝統のTDバイブレーションにアウトメタルシステムを搭載したことでよりレスポンスよく、よりハイピッチに、より遠くへとすべてが向上した。中でもウーハーモデルのスパークオレンジは発売当時釣れすぎて入手困難になった逸品。今でも春先のプリスポーナーを狙う時は必ず常備している。

●パワー2　TN70

アウトメタルシステムを初めて搭載したのがこのTNバイブレーション。最大サイズであるTN70は遠投性、細身でありながら角ばったボディーから発生する強い水押し、そして根掛かりの回避性能など、本当にバランスがよく取れている。野池から琵琶湖のようなビッグレイクまで、素早く、効率的にそして的確にバスを探すことが出来る。

●パワー3　ブザービーターTG

TNバイブレーションよりも重く、さらにハイサウンド、ハイアピールで一段深いレンジもカバーできる。最大の特徴は何といっても深いレンジでのスローロールが可能という点。コールドフロントやターンオーバー時に渋ったバスをリアクションで食わせることが出来る。2・5ｍレンジまで探れるのはこのルアーならでは。

●パワー4　ジータ

今回のラインナップでは最大パワーとなるのがこのジータ。振り幅が最も大きく水押しは最大級クラス。深い所は若干苦手ではあるものの、浅いレンジ、そしてウイードやブッシュといったカバーにもめっぽう強いのが特徴。広く、早く、効率よくと、最もバイブレーションらしいバイブレーション。荒れた場面、濁った状況で活躍する。

●番外編　LV・GP500

数あるバイブレーションプラグの中でも異色な存在。ラッキークラフトのLV500をリメイクしたモデルで、最大の特徴である小さなブレードがボディーに当たることでイレギュラーなアクションを演出。広範囲にバスが中層にポケッと浮いてしまった状況で活躍する。一見、穏やかな状況でハードベイトには厳しいそうな時でもバイトを誘発できる不思議系ルアーだ。

著者プロフィール

北　大祐（きた・だいすけ）

1982 年生まれ。フィッシングガイドと並行して 2006 年から JB トップ 50 に参戦、通算 4 勝、年間優勝 2 回。その他にも JB エリート 5 や JB クラシックでの優勝、マスターズ年間優勝（A.O.Y）も果たし、JB タイトルを全獲得したグランドスラマーの一人。「Basser オールスタークラシック」でも 2 連覇（2016、2017）を達成。年間約 300 日を湖上で過ごし、圧倒的な経験と実績に裏付けられた「水質理論」を構築。「全ての情報は過去」と言い切り、独自のスタイルを展開する。

北大祐ブログ（レジットデザイン）
http://legitdesign.co.jp/author/daisuke-kita
北大祐ツイッター
https://twitter.com/kita_daisuke
北大祐ＨＰ
http://kitadaisuke.com/

バス釣《つ》り超《ちょう》思《し》考《こう》法《ほう》

2018 年 7 月 1 日発行

著　者　北　大祐
発行者　山根和明
発行所　株式会社つり人社

〒101－8408　東京都千代田区神田神保町 1 －30－13
TEL 03－3294－0781（営業部）
TEL 03－3294－0766（編集部）
印刷・製本　図書印刷株式会社

乱丁、落丁などありましたらお取り替えいたします。

ISBN978-4-86447-318-7 C2075

siteB　https://basser.tsuribito.co.jp/
つり人社ホームページ　https://tsuribito.co.jp/
つり人オンライン　https://web.tsuribito.co.jp
TSURIBITO.TV-You Tube　https://www.youtube.com/user/eTSURIBITO
釣り人道具店　http://tsuribito-dougu.com/